TRANSFORME
O VAZIO
EM PLENITUDE

Dados Internacionais de Catalogação na Publicação (CIP)
(Câmara Brasileira do Livro, SP, Brasil)

Grün, Anselm
 Transforme o vazio em plenitude / Anselm Grün ; tradução de Markus A. Hediger. – Petrópolis, RJ : Vozes, 2025.

 Título original: Von der Kunst, Leere in Fühle Zuverwandeln
 ISBN 978-85-326-7189-9

 1. Cristianismo 2. Espiritualidade 3. Vida cristã I. Título.

25-253083 CDD-248.4

Índices para catálogo sistemático:
1. Vida Cristã : Cristianismo   248.4

Eliane de Freitas Leite – Bibliotecária – CRB-8/8415

Anselm Grün

TRANSFORME O VAZIO EM PLENITUDE

Tradução de Markus A. Hediger

EDITORA VOZES

Petrópolis

© 2024 Vier-Türme-Verlag, 97359 Münsterschwarzach Abtei, Alemanha. Representada por AVA International GmbH Munique, Alemanha.

Direitos autorais da edição brasileira e ano da edição conforme acordo com Agência Literária Carmen Balcells.

Direitos de publicação em língua portuguesa – Brasil:
2025, Editora Vozes Ltda.
Rua Frei Luís, 100
25689-900 Petrópolis, RJ
www.vozes.com.br
Brasil

Tradução do original em alemão intitulado *Von der Kunst, Leere in Fülle zu verwandeln*

Todos os direitos reservados. Nenhuma parte desta obra poderá ser reproduzida ou transmitida por qualquer forma e/ou quaisquer meios (eletrônico ou mecânico, incluindo fotocópia e gravação) ou arquivada em qualquer sistema ou banco de dados sem permissão escrita da editora.

CONSELHO EDITORIAL

Diretor
Volney J. Berkenbrock

Editores
Aline dos Santos Carneiro
Edrian Josué Pasini
Marilac Loraine Oleniki
Welder Lancieri Marchini

Conselheiros
Elói Dionísio Piva
Francisco Morás
Teobaldo Heidemann
Thiago Alexandre Hayakawa

Secretário executivo
Leonardo A.R.T. dos Santos

PRODUÇÃO EDITORIAL

Anna Catharina Miranda
Eric Parrot
Jailson Scota
Marcelo Telles
Mirela de Oliveira
Natália França
Priscilla A.F. Alves
Rafael de Oliveira
Samuel Rezende
Verônica M. Guedes

Diagramação: Editora Vozes
Revisão gráfica: Jhary Artiolli
Capa: Larissa Sugahara

ISBN 978-85-326-7189-9 (Brasil)
ISBN 978-3-7365-0550-6 (Alemanha)

Este livro foi composto e impresso pela Editora Vozes Ltda.

6	O encontro com o vazio
14	Tempos vazios
28	O que fazer com os tempos vazios
34	O vazio que é percebido como falta
46	Como lidar com o vazio
70	O vazio que é plenitude
100	Tornar-se um no vazio
106	*Referências*

O encontro com o vazio

Ultimamente, nas sessões de aconselhamento que conduzo, tem surgido um tema que chama minha atenção: cada vez mais, as pessoas me contam que se sentem internamente vazias. Muitas vezes, os interlocutores se assustam quando falam desse vazio. Pois até então sempre o escondiam por trás da fachada de uma pessoa que tem tudo sob seu controle, que "funciona" bem no trabalho e na família. Agora, de repente, aparece essa sensação de vazio. Isso assusta.

No entanto, esse vazio afeta não só as pessoas que se confidenciam a mim no aconselhamento. Estas são apenas as que conseguem falar sobre isso. Muitos outros afetados pelo vazio nem querem ser confrontados com ele. Assim, tentam encobri-lo, privando a vida da chance de ficar no ponto morto. Cada pausa, cada intervalo, cada tempo vazio é preenchido com alguma atividade ou aquisição de informações. Evidentemente, só podemos aproveitar os tempos vazios quando estamos dispostos a encarar o vazio interno, quando permitimos que ele exista com algo que faz parte da existência humana.

Encontrei o fenômeno do vazio não só repetidas vezes em conversas, mas também num curso para o qual nossa equipe da Casa Recollectio tinha convidado um psicólogo. Ele ressaltou várias vezes que deveríamos ouvir nossos sentimentos com atenção. Para ele, a tarefa mais importante da psicoterapia é conscientizar-nos de nossos sentimentos, pois só assim seria possível transformarmos sentimentos negativos como medo, vergonha, culpa e vazio em algo que não nos paralisa, mas nos dá energia. Além disso, constatou que muitas pessoas tentam reprimir esse vazio por meio do ativismo e do consumo de drogas.

Essa experiência despertou minha curiosidade e a vontade de pesquisar mais a fundo esse sentimento de vazio. O curso também me incentivou a examinar se eu também conhecia esse sentimento de vazio. E tive que admitir que, às vezes, eu vivencio o mesmo. Durante a meditação ou até mesmo por trás de todos os pensamentos espirituais e teológicos que desenvolvo quando estou sentado à escrivaninha e escrevo, por exemplo, descubro um vazio no qual não sinto nada da presença de Deus. Por isso confrontei-me conscientemente com esse fenômeno e procurei maneiras de lidar com ele.

Enquanto me ocupava com esse conceito, deparei-me com duas formas totalmente diferentes do vazio. Os psicólogos descrevem a primeira como um vazio emocional, um vazio interno como expressão da depressão. Os terapeutas tentam processar isso com seus clientes para encontrar uma forma adequada de lidar com ele. Esse vazio depressivo é vivenciado também por aqueles que, de repente, se sentem vazios em sua vida espiritual e perderam o contato com Deus. Além disso, porém, o vazio possui ainda um significado espiritual completamente diferente. As pessoas que se exercitam na meditação zen falam do vazio como meta de sua meditação. Ela é precondição para sentir o divino dentro de si. Essa forma do vazio exerce um papel essencial também na tradição mística do cristianismo. O teólogo e filósofo medieval Mestre Eckhart sempre volta a falar desse vazio. Em sua opinião, ele é precondição para que Deus posso vir até nós e para que nós possamos nos tornar um com ele.

Essas duas concepções parecem ser totalmente contraditórias. Mas quando analisamos o vazio psíquico mais de perto e entramos nele com nossa consciência, descobrimos que esse vazio também é um grande anseio por plenitude, por transcendência. Por trás desse vazio descobrimos um anseio profundo por algo que é maior do que nós mesmos e que é capaz de preencher o nosso vazio. O vazio interior nos convida a largar nosso ego e a mergulhar no mistério de Deus.

Os tempos vazios em nosso dia a dia só se tornarão uma bênção para nós se estivermos dispostos a encarar o vazio interior. Quando se trata de higiene e saúde mental, os especialistas nessa área sabem que os tempos vazios são necessários para nós, não só para que possamos nos recuperar e ter uma vida equilibrada, mas também para que possamos ser criativos. Especialmente em momentos em que não precisamos nos ocupar com problemas difíceis e em que podemos nos dar ao luxo de não fazer nada e permitir que nossos pensamentos corram soltos, ideias novas costumam surgir. De repente, encontramos soluções para problemas em torno dos quais nossos pensamentos têm girado por muito tempo, muitas vezes, em vão. O vazio que sentimos nesses momentos se transforma então em uma fonte de criatividade, mas somente se permitirmos o sentimento de vazio e não o encobrirmos imediatamente com alguma atividade ou informação.

Nas conversas com outras pessoas, costumo perceber um grande anseio por uma "pausa". Para alguns, essa pausa é um período prolongado em que podem se ausentar do trabalho, férias de vários meses ou uma peregrinação de várias semanas. Para outros, essa pausa é o intervalo diário que concedemos a nós mesmos. Eles sentem que só conseguem dar conta do dia a dia se largarem tudo por alguns minutos durante o dia. Isso pode ser uma meditação, uma caminhada mais longa ou uma curta pausa durante o trabalho. Muitos conseguem desfrutar desse intervalo. Não importa se a pausa seja longa ou curta: eles conseguem se acalmar. Largam tudo e imaginam: agora não preciso fazer nada. Não preciso refletir sobre nada. Posso simplesmente ser. Não me preocupo com o futuro, eu me permito viver totalmente no momento presente. Quando volto para o trabalho, sinto-me internamente revigorado.

Também no caminho espiritual existem tempos vazios que nos concedemos conscientemente, por exemplo, quando fazemos exercícios, durante uma estadia em um mosteiro ou também durante o dia: rituais fixos que estabelecemos para fugir à rotina do dia a dia. Quando eu ainda trabalhava com os jovens, depois de um retiro, nós enviávamos os jovens para a natureza, onde passavam o que chamávamos de "um dia no deserto". Eles não levavam nada consigo que pudesse distraí-los, nem mesmo um livro. Hoje acrescentaríamos: nem mesmo o celular, a não ser que estivesse no modo avião para que pudessem usá-lo numa emergência. Para muitos jovens, isso era maravilhoso; para outros, uma tortura. Nem todos conseguem aproveitar esse intervalo ou as pequenas pausas durante o dia. Alguns têm medo, pois nesse tempo somos confrontados conosco mesmos, com a nossa própria verdade interior. Poderia surgir em mim o pensamento de que há algo de errado com minha vida, que não estou vivendo minha verdade. Talvez apareçam também velhas feridas ou sentimentos de culpa. E, então, alguns vivenciam um vazio interior.

Hoje em dia, as casas de formação espiritual costumam oferecer esse tipo de "dia no deserto". Nesses dias, há pouca programação, apenas uma pequena meditação matinal. De resto, os participantes são convidados a simplesmente aproveitar o tempo para ficar no quarto ou refletir sobre o que surge neles do fundo de seu ser. Esses dias também podem ser aproveitados para fazer uma longa caminhada e se livrar de todos os problemas e preocupações que ocupam o dia a dia.

Nem sempre precisa ser um "dia no deserto". Mas tempos vazios, em que não nos ocupamos ativamente com alguma coisa, nos fazem bem no dia a dia. Assim, somos confrontados repetidamente com nossa própria verdade.

Começo então este livro voltando minha atenção primeiramente para os tempos vazios e o ócio. Pretendo descobrir como podemos nos entregar a essas duas coisas e como podemos lidar com elas. Então, falarei sobre os fenômenos do vazio psíquico e do vazio descrito pela tradição mística, primeiro separadamente, depois sobre a relação entre os dois.

Tempos vazios

Quando procuramos o termo "*Leerzeiten*" ["tempos vazios", numa tradução literal] nos léxicos, encontramos definições diferentes. Às vezes, ele se refere a momentos em que as máquinas não trabalham, às vezes, ele se refere à hora em que a caixa postal é esvaziada. Ele também pode se referir ao tempo de espera na parada de ônibus ou ao tempo que se gasta indo até o trabalho. O termo exerce um papel também na administração do tempo. Aqui, tenta-se aproveitar os tempos vazios para ler o jornal enquanto o ônibus não chega ou para fazer uma transferência pelo aplicativo do banco a caminho do trabalho no trem.

Mas isso é o oposto dos tempos vazios que fazem bem ao ser humano, pois assim o tempo é preenchido. Em outros contextos, a administração do tempo reconhece que os tempos vazios podem liberar muito potencial criativo, que, de um lado, pode ser aproveitado para ler ou para outros tipos de aprendizado e, de outro, oferece uma abertura para soluções criativas. Pois nos tempos vazios, o cérebro pode se recuperar, e então surgem pensamentos novos, diferentes e incomuns. Mas também aqui os tempos vazios são submetidos a uma finalidade. E voltamos a fugir do vazio que poderia aparecer durante o tempo vazio.

Dar-se ao luxo de um tempo vazio significa realmente não fazer nada conscientemente, por exemplo, sentar-se num banco e entregar-se aos pensamentos e sentimentos que surgem dentro de si. Mas muitos têm medo disso, pois acham que se fizerem isso não poderão controlar o que acontece. Temem que surgirão sentimentos que não querem ter. Uma mulher me disse que ela não conseguiria suportar isso, que entraria em pânico. Outra mulher disse que não conseguia entrar no silêncio, pois se fizesse isso um vulcão entraria em erupção dentro dela. Ambas as afirmações mostram que essas mulheres têm medo de sua verdade. E em ambas existe uma autoimagem negativa: acreditam que existe dentro delas algo caótico, sombrio, ruim. Elas não querem ver isso.

Jesus diz: A verdade vos libertará (João 8,32).

Eu só consigo suportar minha própria verdade se eu permitir que tudo pode existir dentro de mim. Eu não avalio o que existe em mim, mas procuro entendê-lo. E permito tudo. Olho com curiosidade para dentro de mim e relaciono tudo que surge dentro de mim com Deus. Assim tenho a esperança de que tudo – também o caótico, sombrio ou mau – pode ser transformado dentro de mim.

Ócio, ociosidade e musas

O que quero dizer com "tempo vazio" neste contexto era chamado de "ócio" pelos gregos e romanos da Antiguidade. Para eles, era algo desejável que trazia felicidade. A palavra grega para "ócio" é *schole*, que vem do verbo *echein*, que significa "segurar". Poderíamos interpretar *schole* como "segurar o tempo" [*innehalten*, em alemão, "fazer uma pausa", "parar"]. A palavra alemã *innehalten* expressa uma experiência preciosa: interrompo [*Halt machen*] minhas muitas atividades, eu me suporto [*aushalten*] do jeito que sou, e me volto para dentro [*innen*], para encontrar posturas [*Haltungen*] no interior que me ofereçam apoio [*Halt*] também no exterior. Da palavra grega *schole* deriva a palavra alemã *Schule* [escola]. Portanto, a escola seria o lugar em que paramos para descobrir valores interiores e – como os gregos em seu ócio – para ocupar-nos com o sentido ou as perguntas da vida. Hoje, também a escola é submetida a um propósito, muitas vezes, interesses econômicos ou questões de eficiência ocupam o primeiro plano.

Para os gregos, porém, ócio não significa ociosidade, como o entendemos hoje em dia, mas a liberdade de obrigações políticas. Um ditado popular diz:

> A ociosidade é o início de todos os vícios.

E também São Bento garantiu em sua Regra que seus monges não passassem seu tempo em ociosidade e conversa vazia, mas que lessem e meditassem ou trabalhassem (cf. a Regra de São Bento 48,18):

> A ociosidade é inimiga da alma.

No ócio, estou em relação comigo mesmo, com Deus e com o mistério do mundo e das pessoas. A ociosidade, porém, assim como é interpretada pelo ditado popular e também por São Bento, é distração, ausência de relação. Quem não se relaciona, perde tudo. Por isso, os monges entendem o longo período de tempo que passam em meditação e oração não como ociosidade, mas como ócio, pois tudo que surge dentro deles durante esse tempo é relacionado a Deus e eles se abrem para Deus.

Para o antigo filósofo Platão, o ócio é o tempo para olhar para as profundezas, para se abrir para a *theoria,* para a contemplação, para a visão da essência das coisas. No ócio, o ser humano se torna capaz de vislumbrar os mistérios da existência. Ele não quer mudar as coisas, antes consegue aceitar e contemplar seu mistério. Ele não precisa saber tudo, antes pode admirar o mistério da existência.

Só assim ele se dá conta da dimensão profunda das coisas. Nesse sentido, o ócio é marcado pela alegria. Devemos à filosofia grega percepções importantes sobre o mistério do ser humano. Mas naqueles que ainda conheciam o ócio, a busca de conhecimento era livre da obstinação que caracteriza alguns pesquisadores atuais. Os filósofos gregos observavam as pessoas, a vida, o mundo. Justamente por não terem sido obrigados a obter um resultado, eles conseguiram vislumbrar a essência das coisas e obtiveram percepções profundas sobre o mistério do ser humano e de Deus.

O livro bíblico Eclesiástico, que reúne a filosofia helenística com a sabedoria judaica, reconhece no ócio o lugar que ensina sabedoria aos seres humanos:

> Quem diminui as ocupações é que se torna sábio (Eclesiástico 38,24).

Para isso, é preciso ter tempo. Na religião judaica, aquilo que os gregos compreendiam como ócio se concretiza no descanso do sábado. O sábado como feriado semanal era um dia livre de trabalho e que permitia uma entrega total aos estudos e à oração. No cristianismo, esse tempo dedicado ao ócio passou a ser o domingo. Hoje em dia, porém, é justamente nesse dia, que nos oferece tanto tempo para o ócio, que conseguimos observar o medo que muitas pessoas têm do vazio, que, de certa forma, representa o outro lado da moeda. Essas pessoas não conseguem apreciar um tempo que não foi planejado, não conseguem simplesmente aceitar o que o dia traz. Elas preenchem cada minuto desse dia com inúmeros planos.

Talvez sejam coisas agradáveis, como passeios ou encontros com amigos, ou uma exposição, uma sessão de cinema. Mas o objetivo não é vivenciar algo agradável, mas preencher o tempo com alguma coisa e evitar um tempo vazio.

Os gregos e romanos acreditavam que, no ócio, não interferimos nos eventos do mundo. Apenas nos abrimos, soltamos a nós mesmos e nos entregamos a Deus e ao momento presente. Entregamo-nos ao ver e ouvir, para assim penetrarmos as profundezas da existência. As "grandes percepções e ideias que não podem ser caçadas" nos são concedidas "principalmente em momentos de ócio" (Pieper, 2010, p. 54). Quando deixamos de querer, o mistério do mundo e da existência nos é revelado. Então nos abrimos para o essencial.

Em alemão, a palavra "ócio" [*Musse*] lembra a palavra "musa" [*Muse*]. No mundo das sagas e dos deuses gregos, as musas são as padroeiras da erudição, da música e da poesia. Durante o ócio, somos visitados pelas musas, que nos apresentam ao conhecimento verdadeiro. Elas fecundam nosso espírito para que ele possa expressar seus pensamentos e suas ideias em poesia e música. O ócio é também o lugar em que me permito simplesmente ler uma poesia – não para dizer algo sobre ela, mas para ser tocado por ela. No ócio, eu me permito ouvir música sem interpretá-la, para simplesmente absorver sua beleza.

Ócio, em latim, é *otium*. Na filosofia romana, *otium* é o tempo em que estamos livres de obrigações, mas também livres de ataques do inimigo. Uma pessoa com ócio vive em paz com o mundo. Ela não é ameaçada por outros. *Otium* significa uma vida calma sem correria. Ter ócio significa simplesmente ter tempo – para ler, para ouvir música, para estudar, para conversar. Não preciso ficar olhando para o relógio, não estou sob pressão. Aquele que sempre se sente pressionado pelas exigências da vida, perde algo essencial: a experiência de liberdade, de tranquilidade e paz.

A força está na tranquilidade.

Assim diz um provérbio. Aquele que consegue aproveitar a tranquilidade no ócio, não perde o controle quando é confrontado com as pressões do dia a dia. Ele sabe que ele sempre pode se retirar para momentos de ócio para se distanciar dos negócios do dia a dia.

O anseio pelo *otium* contém também o anseio pela paz. Queremos viver em paz com as pessoas, em paz diante de todas as polarizações.

A filosofia romana entendia que, no ócio, nós não nos empenhamos em prol de algum partido qualquer. No ócio, estamos conosco mesmos e não permitimos que um grupo se apodere de nossos pensamentos.

Quando alguém se aposentava, as pessoas lhe desejavam "*otium cum dignitate*", ócio com dignidade, ou seja, ócio com distância ou um "ócio apresentável". Pois *dignus* (digno, merecedor) deriva da palavra grega *deiko*, "mostrar". Quando desejamos "*otium cum dignitate*" a uma pessoa idosa, desejamos que ela possa aproveitar o ócio e ser grata por aquilo que criou e grata pelo tempo que lhe foi dado. Queremos que seja um tempo apresentável, vivido com dignidade.

Hoje em dia, muitos trabalham até a idade avançada e derivam seu valor do desempenho pessoal. Frequentemente, eles procuram fazer e alcançar mais do que os jovens. Mas aquele que se define também na idade avançada com base em seu desempenho, muitas vezes, provoca pena em nós. Alguns talvez até se admirem de sua força. Mas uma idade que não sabe aproveitar o ócio não vive sua essência. Essa pessoa se esqueceu de sua dignidade humana. Um velho homem sábio e calmo, uma mulher velha e sábia emana tranquilidade e dignidade.

O psicólogo e psicoterapeuta suíço C. G. Jung dizia que uma pessoa idosa e madura precisa ser capaz de se entregar ao ócio:

> Um velho que não sabe ouvir o mistério dos riachos que correm dos cumes até os vales, não tem sentido, é uma múmia espiritual, que nada mais é do que passado estarrecido (Jung, 1978, p. 466).

Ócio e dignidade andam juntos. Não podemos ter um sem o outro.

O conceito de ócio inclui também a pausa. Na língua grega, a palavra *anapausis*, da qual provém a nossa palavra "pausa", possuía um significado profundo. Significava *interrupção, tempo de descanso, lugar de repouso*. O verbo *anapauso* significa: parar, interromper, obter descanso, revigorar. *Anapausis* se refere não apenas ao descanso do trabalho, mas também aos tempos de descanso dos quais os órgãos internos precisam para se recuperar e curar. Mas pode também significar a libertação de todos os males. Nesse contexto, "pausa" significa algo sagrado. Pedimos a Deus que ele nos conceda uma pausa, uma tranquilidade em que estamos livres da pressão do dia a dia e livres também das pressões internas que nos mantêm ocupados.

Isso é um pouco diferente do ponto de vista que têm caracterizado a consciência alemã desde os ensinamentos do filósofo Immanuel Kant. O filósofo cristão Josef Pieper faz uma distinção entre o conceito de trabalho de Kant e a visão dos filósofos gregos. Para estes, o ócio é o distintivo do ser humano livre, que não é escravo do trabalho, mas que dispõe de tempo para reconhecer a verdade do mundo, que não interfere nas coisas. Esse ócio interior pode então gerar um trabalho frutífero. Mas esse trabalho não é esforço nem peso. Hoje em dia, muitas pessoas acham que estão sempre ocupadas, que é difícil vivenciar satisfação no emprego e que é preciso um grande esforço para dar conta do trabalho que as espera todos os dias. Immanuel Kant fala do "trabalho hercúleo", referindo-se com isso também a seu trabalho intelectual. É um trabalho exaustivo que exige todo o esforço do ser humano. A isso corresponde a ética que resulta da filosofia kantiana. O instinto natural, acreditava Kant, se opõe à lei ética. Por isso,

> é natural que o bom seja difícil e que o esforço intencional da autossuperação se torne padrão para aquilo que é eticamente bom (Pieper, 2010, p. 31).

Nos dias de hoje, a compreensão de ócio e trabalho desenvolvida pelos filósofos gregos nos faria bem, pois, segundo eles, o trabalho resulta da tranquilidade interior, sem a pressão constante de sempre ter que produzir mais. O trabalho seria mais criativo e, no final das contas, mais eficiente.

Inquietação e o medo de não ter o que fazer

O oposto desses períodos de tranquilidade é a inquietação. Quem já a vivenciou sabe que ela pode ser uma maldição, porque não conseguimos parar e permanecer em lugar algum. Temos a impressão de estarmos fugindo de nós mesmos. Caim vivenciou algo semelhante após matar seu irmão. Ele não conseguiu encontrar paz pelo resto de sua vida. A razão mais profunda de sua inquietação era a culpa pelo fratricídio. Também hoje existem pessoas inquietas, que vagam pela vida, que não conseguem encontrar nenhum lugar em que possam ou queiram ficar. A inquietação pode ter muitas causas, algumas delas relacionadas até a questões de saúde, mas certamente existem também muitas pessoas que são atormentadas por sentimentos de culpa. A inquietação é a tentativa de fugir desses sentimentos, de não querer encará-los. Assim, fugimos deles o tempo todo. A Bíblia descreve a inquietação de Caim como infértil (cf. Gênesis 4,12). Por mais que ele trabalhe o campo, ele não produzirá frutos.

Algo semelhante acontece quando alguém usa seu trabalho para fugir de sua própria verdade, para não ter que encarar seus sentimentos, sua inquietação. Às vezes, esse comportamento resulta num vício em trabalho, o trabalho se transforma em uma droga para fugir da realidade. Quem usa o trabalho para fugir de sua própria verdade pode até trabalhar muito, mas o trabalho não produz frutos.

Em nossa vida, sempre ocorrem tempos vazios, em que nada acontece, em que não trabalhamos, em que não nos ocupamos com nada. Mas muitas pessoas não suportam esses tempos, evidentemente porque têm medo do vazio interior que teriam que encarar. O celular oferece a muitos a oportunidade bem-vinda de preencher qualquer tempo vazio. Basta olhar para a tela para conferir as novidades do momento. No Taiwan e no Japão, observei os passageiros no metrô ou no ônibus. O olhar de todos está fixado no celular, até durante o desembarque. Eles não percebem as pessoas em sua volta. Quando esperam no semáforo, olham para o celular, e quando o sinal abre, eles olham para a tela e não para as pessoas que vêm a seu encontro. Muitos não conseguem mais esperar sem fazer nada. Cada tempo vazio precisa ser preenchido. Mas a incapacidade de suportar um tempo vazio gera correria e inquietação constantes.

A ocupação constante, mas que não é uma atividade direcionada e sensata, gera um nível de estresse esmagador. Não conseguimos mais nos acalmar, não nos encontramos mais conosco mesmos. Por isso a arte de viver inclui também a capacidade de lidar com tempos vazios, de suportá-los e de percebê-los como uma fonte de energia e de ideias novas.

Os tempos vazios nos confrontam não só com nossa própria verdade. Eles também podem ser períodos produtivos. A neurociência não demorou a descobrir que o cérebro precisa de pausas frequentes para se regenerar. É impossível concentrar-se por mais de 90 minutos. Depois disso, precisamos de um intervalo, em que não fazemos nada. Fazer uma pausa não significa interromper o trabalho para ler as notícias mais recentes no celular ou para responder às mensagens. Quando faço isso, entupo o tempo vazio e o aproveito para resolver algo. Tempo vazio significa: não fazer nada, sentar-se e observar o que se passa no interior. Para mim, esses tempos vazios sempre são uma bênção. Quando estou escrevendo e as ideias se esgotam, eu simplesmente me deito na cama por alguns minutos. Não reflito sobre nada, simplesmente me dou ao luxo de não fazer nada. Frequentemente, pensamentos novos surgem sem nenhum esforço consciente.

O funcionário de um banco me contou que seu horário de trabalho não permite um momento sequer de inatividade. Seu contrato define o número exato de telefonemas que ele precisa fazer a cada hora e não prevê idas ao banheiro. Esse tipo de trabalho não produz nada, não é produtivo nem criativo. Precisamos de intervalos para nos regenerar, para recuperar o fôlego.

Muitos têm medo desses tempos vazios porque podem se dar conta de que perderam qualquer sensibilidade em relação a si mesmos, ao parceiro e aos filhos. A ocupação constante com qualquer coisa encobre essa falta de sensibilidade. Mas, com o tempo, isso faz com que o convívio uns com os outros se torne frio e estéril. Ainda funcionamos, mas não vivemos mais, deixamos de ter contato conosco mesmos e com os outros. Só existem reuniões, mas nenhum encontro real.

O que fazer com os tempos vazios

Faz bem criar tempos vazios conscientemente. Podem ser pequenos rituais que me permitem entrar em contato comigo mesmo e perceber o tempo sagrado que pertence a mim mesmo e a mais ninguém, em que eu mesmo vivo e minha vida não é determinada por outros. Rituais são uma interrupção saudável do dia a dia. A cultura grega nos presenteou com a ideia de moldar nossa vida com rituais, porque nossa vida é uma festa. Na Grécia, acreditava-se que os rituais criam um "tempo sagrado". Esse tempo pertence não só a Deus, mas também a mim mesmo. Estou em contato comigo mesmo e entro em meu centro. Dou-me esse tempo, em que saio da correria do dia a dia e desfruto a liberdade de não ter que produzir nada. Simplesmente sou.

Mas os tempos vazios se referem não apenas às pequenas pausas no dia a dia, eles também podem ser dias inteiros que posso usar para fazer caminhadas longas ou passar um tempo na natureza. Não tenho nenhum destino que preciso alcançar. Vou para a floresta, sento-me em algum lugar e olho ao redor, olho para o nada e me abro para aquilo que surge dentro de mim. Nem sempre é o vazio interior do qual me conscientizo, talvez eu reconheça de repente qual é o sentido da minha vida, o que importa para mim, o que eu deveria mudar, o que preciso largar. Mas também podem ser ideias novas que surgem dentro de mim, como deveria moldar minha vida, quais relacionamentos eu deveria reativar, aprofundar ou encerrar.

Muitas vezes, pedimos aos participantes de cursos e exercícios ou aos hóspedes na Casa Recollectio que façam o seguinte: que, num dia, não cumpram nenhuma agenda, nenhum programa, mas simplesmente sigam os impulsos internos. Para alguns, é estranho passar um dia inteiro na natureza sem a Bíblia ou sem um livro e sem nenhum objeto concreto, às vezes, sem encontrar nenhuma outra pessoa e simplesmente voltar a atenção para aquilo que encontram dentro de si mesmos.

Muitos já fizeram a experiência de que esse tempo se transformou em algo precioso para eles. Eles se aproximaram de temas de sua biografia que haviam reprimido durante anos. A precondição para esse tipo de "dia no deserto" é que comuniquemos às pessoas: tudo pode ser. Elas não precisam ter medo de nada. Elas não devem avaliar, mas entender aquilo que surge dentro delas. Só então devem buscar uma resposta à pergunta sobre como lidar com isso.

E mesmo que se deparem com o vazio interior nesse dia, elas não devem se assustar. O vazio também tem o direito de existir. Vale apenas encará-lo, aceitá-lo humildemente e então identificar o desafio que ele traz. O vazio só pode ser transformado se o admitimos e aceitamos. Pois só aquilo que aceitamos pode ser transformado. Quando fugimos de algo, ele nos persegue. Aquilo que rejeitamos gruda em nós.

O que oferecemos nos dias de deserto foi desenvolvido e aprofundado em outros cursos espirituais e não espirituais em diversos contextos. Uma variante ampliada e mais difícil é, por exemplo, que os participantes passem três dias na natureza em um lugar de sua escolha, equipados apenas com uma barraca, um saco de dormir e água suficiente. Então a natureza se transforma em espelho da alma. É uma pausa muito radical, vinculada também ao jejum. Os participantes são confrontados com a própria verdade e permitem que a natureza os apresente ao mistério da vida. Por isso, esses dias também costumam ser chamados de "rito de iniciação". Evidentemente, os organizadores oferecem ajuda àqueles que não conseguem suportar esse tempo ou que adoecem.

Muitas vezes, porém, as pessoas que participaram desses cursos relatam experiências intensas que transformaram suas vidas completamente. Elas entraram em contato com a verdade de suas vidas. Conversei com um participante, e ele me contou que tinha reencontrado seu *Self*. E ele voltou desse tempo na natureza como um marido equilibrado, relaxado e atencioso.

Hoje em dia, os psicoterapeutas falam de "terapias baseadas na natureza". Eles encorajam os clientes a se lembrarem dos sentimentos que tiveram na infância quando vagavam pela floresta. Em sua terapia, a terapeuta norte-americana

Melitta Breznik recorre a vivências na natureza que absorvemos com todos os sentidos em nossa infância. Ela escreve:

> Na época, o mundo ainda era grande e desconhecido, e, maravilhados, absorvemos todas essas impressões sensoriais, às vezes, de forma consciente, mas muitas vezes de forma inconsciente. Elas estão armazenadas em algum lugar em nosso cérebro ou na memória corporal, e agora vale reativá-las, trazê-las para a consciência, para aproveitar seu potencial com todos os sentimentos positivos vinculados a elas (Breznik, 2023, em: Psychologie heute 10, p. 23).

Esse ouvir para dentro coloca as pessoas que sofrem com problemas psíquicos em contato com as partes de sua alma que permaneceram ilesas a despeito dos traumas vividos. Elas sentem o efeito curador da natureza. Por isso, faz sentido passar esse tempo conscientemente na natureza. A natureza se torna uma professora para nossa vida e, muitas vezes, também uma fonte de vivacidade.

Existem muitas possibilidades de sair da rotina do dia a dia. Alguns preferem passar um dia em casa, sem a pressão de ter que colocar a casa em ordem. Eles não planejam o dia, mas confiam em seu sentimento para se concentrar naquilo que exige sua atenção. Outros preferem passar um ou alguns dias num mosteiro para encontrar a paz interior. Ainda outros aproveitam as férias para se entregar àquilo que a alma lhes traz. Eles não preenchem os dias com atividades, mas reservam momentos em que não precisam fazer nada. Isso faz bem à alma.

O vazio que é percebido como falta

Aspectos psicológicos do vazio

O médico e terapeuta suíço Jürg Wunderli deu a seu livro sobre a depressão narcisista o título *E por dentro, o grande vazio*. Ele explica que, hoje, predominam outros fenômenos psíquicos do que no tempo de Sigmund Freud. Sintomas clássicos da neurose "como medo, obsessão, histeria" passaram para o segundo plano.

> Em vez disso, predominam certos sintomas depressivos como a sensação de vazio interior, falta de vontade de trabalhar, medos não específicos, distúrbios relacionais, dificuldades de perceber e viver os próprios sentimentos e necessidades e fantasias de grandeza com uma estrutura de personalidade subjacente profundamente marcada por insegurança e um grande desequilíbrio na autoestima (Wunderli, 1989, p. 43).

Aqui, ele está falando da depressão narcisista, mas muito se aplica também ao vazio que cada pessoa normal percebe frequentemente dentro de si. A sensação do vazio costuma ser acompanhada pela falta de vontade. Por isso, preferimos fugir. Mas a sensação de vazio também está vinculada à falta de sentido. Falta de sentido gera vazio. E quem se sente vazio vivencia a vida como algo que carece de sentido. Existem pessoas que não conseguem encontrar um sentido na vida e, por isso, se sentem vazias. Existem, porém, também outras que não querem encontrar um sentido na vida. Às vezes, isso se deve ao fato de perceberem inconscientemente que, se o encontrassem, elas teriam que mudar a vida e se empenhar em prol de outras pessoas. Mas elas se acomodaram em sua vida superficial e não querem questionar isso.

Cada pessoa pode sentir o vazio dentro de si quando se expõe ao vazio. Mas essa sensação é muito forte em pessoas depressivas. Muitas vezes, elas sentem um vazio desesperançoso dentro de si. Alguns psicólogos até acreditam que, na depressão, o sentimento predominante não seja a tristeza, mas o vazio interior. Tudo parece ser monótono e sem vida no interior. E é assim que as pessoas vivenciam também o mundo ao seu redor. Muitas vezes, o vazio está vinculado a uma sensação de desânimo. Frequentemente, o vazio interior tem suas raízes na infância. Se alguém nunca pode ser si mesmo na infância, quando sempre era criticado, ele se sente vazio e insignificante. Nada importa. Às vezes, porém, o vazio interior pode também ser um mecanismo de proteção para, após um abuso sexual ou emocional, não ter que sentir a dor, o sentimento de culpa ou a vergonha. Outros reagem com o vazio interior a uma falta de vínculos emocionais. Quando uma criança cresce numa família fria, ela se protege dessa ausência de calor humano com a sensação de vazio interior.

No entanto, a sensação de vazio interior tem a ver não só com as experiências na infância. Em algumas pessoas, o vazio interior aparece apenas no meio da vida. Elas vivenciaram decepções. O que esperavam e desejavam da vida não se cumpriu. Mas elas não encaram a decepção, preferem fugir dela para o vazio interior. Essas pessoas vivenciam sua existência agora como algo que carece de sentido e sentem que tudo que vivenciaram até agora foi em vão, que não viveram de verdade, mas que só funcionaram. Elas anseiam por vida, mas não sabem como alcançá-la. Não há alegria em sua vida.

> Elas parecem entorpecidas, passivas, enfraquecidas, incapazes de se alegrar com nada e não se envolvem com a vida (Wunderli, 1989, p. 45s.).

Elas carecem de paixão e não se empenham pelos outros nem por certas causas. Para encobrir esse vazio interior, elas constroem uma fachada perfeita: elas são bem-sucedidas, autoconfiantes, reconhecidas. Mas por trás disso, tudo está vazio, mas ninguém pode ver isso – não só porque isso destruiria sua imagem, mas também porque, então, elas também teriam que encarar o vazio e seu eu verdadeiro.

A sensação do vazio interior tem várias facetas. Muitas vezes, ela é acompanhada pelo sentimento de estar sozinho no mundo. Uma mulher me contou que ela passou muito tempo sozinha durante a infância porque seus pais trabalhavam em turnos numa fábrica. Ainda hoje, muitas vezes, ela se sente só e acha que ninguém se interessa por ela. Aqui, o vazio está vinculado ao sentimento de insignificância.

Outro aspecto do vazio interior é a sensação de que nada pode nos preencher. Não importa o que façamos, ficamos com uma sensação de vazio. Em momentos assim, algumas pessoas se sentem separadas de si mesmas e do mundo. Elas não conseguem perceber a beleza da natureza, sentem-se entorpecidas, não conseguem se alegrar com nada. Elas não estão presentes, seus pensamentos estão em outro lugar. Elas se sentem incapazes de se envolver com outras pessoas. Quando estão na presença de outras pessoas, elas se sentem internamente ausentes. Tudo perdeu seu significado e sentido, tudo lhes parece oco e vazio. Elas não conseguem se entusiasmar com nada e se sentem presas como que por trás de uma parede de vidro.

Para essas pessoas, já é um progresso quando elas conseguem perceber o vazio interior e encará-lo. Muitos, porém, nem conseguem senti-lo, porque estão acostumados a reprimir seus sentimentos.

> Eles encobrem o vazio com planos e atividades constantes. Eles fingem estar ocupados e internamento estão inquietos (Wunderli, 1989, p. 45s.).

Vistas de fora, essas pessoas parecem estar bem consigo mesmas, porque estão sempre dedicadas ao trabalho. Muitas vezes, porém, isso esconde um vazio interior, que elas tentam encobrir trabalhando cada vez mais. Um terapeuta experiente reconhece que, embora essas pessoas funcionem muito bem, elas não estão vivas. Tudo é rotina, vazio, artificial, fingimento. É difícil conhecê-las como uma pessoa real, elas se escondem por trás do trabalho e de seu papel. Quando conversamos com essas pessoas, sentimos um tédio profundo e rapidamente nos cansamos. Muitas vezes, nossos próprios sentimentos nos dizem algo sobre o estado do outro. O vazio interior do outro suga nossa energia. Sentimo-nos cansados e esgotados depois de um encontro com pessoas assim.

Nos cursos de liderança, vivencio outra forma de vazio. Alguns executivos trabalharam muito. Estão exaustos. E a exaustão se manifesta como vazio. Trabalharam tanto que não puderam se interessar por outra coisa. E então, quando não trabalham, eles sentem esse vazio interior. É como se o tanque estivesse vazio. Estão sem força. E, por causa dessa falta de força, eles não conseguem mais perceber seus sentimentos. Um executivo me disse que ele se sentia igual a um foguete sem combustível. Outros descrevem esse estado da seguinte forma: "Eu me perdi. Não consigo mais sentir a mim mesmo". Essas pessoas perderam a relação consigo mesmas e, muitas vezes, também a relação com o próximo. A médica Miriam Priess acredita que a razão da exaustão são relações danificadas. Ela escreve que as pessoas que sofrem disso

> relatam relacionamentos profissionais e pessoais conflituosos e se queixam da perda de contatos sociais capazes de nutri-las. Elas sentem que passaram

a ser máquinas no emprego e na família e que deixaram de ocupar um lugar na própria vida (Priess, 2023, p. 18).

O vazio que as pessoas esgotadas sentem dentro de si faz com que elas se afastem dos outros. Elas não querem expô-los a seu vazio interior. Assim, surge um ciclo vicioso de vazio e relacionamentos fracassados.

Algo semelhante ao vazio interior é a falta de emoção, isto é, a incapacidade de perceber e expressar suas emoções. Isso não significa que a pessoa não tenha emoções. Elas só foram reprimidas.

Isso faz com que a pessoa não seja mais capaz de sentir alegria real e genuína. Para os outros, ela parece entorpecida, vazia e triste. Quando acompanho esse tipo de pessoa, eu me assusto com a indiferença com que fala de sua vida. Ela relata ferimentos que sofreu como criança, mas não consigo sentir a pessoa que fala. Ela fala de si mesma como se fosse um estranho. Por isso, nós, como ouvintes ou conselheiros, temos dificuldades de sentir essa pessoa.

O desânimo que o vazio costuma provocar não é luto. O luto é parte essencial da vida humana. O luto é a despedida de uma pessoa querida ou de ilusões que criamos em relação a nós mesmos. No luto, demonstramos a coragem de permitir a dor causada pela perda. E confiamos que não cairemos no vazio. Mas o vazio que experimentamos na depressão é caracterizado por

> um esvaziamento drástico do próprio eu (Wunderli, 1989, p. 65).

No luto, o mundo se torna vazio para nós; na depressão, o próprio eu se esvazia.

O sociólogo francês Alain Ehrenberg contemplou o fenômeno do vazio interior a partir de outro ponto de vista. Ele reconhece também causas sociais para a experiência do vazio. Ehrenberg afirma que, em Sigmund Freud, o sentimento de culpa era o tema central. Na época de Freud, o ser humano teria sofrido com a repressão de suas pulsões e com um convívio inadequado com sua energia sexual. Hoje, porém, somos dominados por ideais de autorrealização.

A convicção de que precisamos nos realizar cada vez mais produz

> uma multiplicidade de sintomas de vazio interior, de se sentir supérfluo e sem destino (Ehrenberg, 2006, p. 65).

Na opinião de Ehrenberg, a pressão de ter que ser si mesmo leva a um sentimento de inferioridade. Numa época em que tudo é possível, muitas pessoas se sentem esmagadas pela pressão de ter que apresentar sua identidade aos outros. Quando não conseguem cumprir a exigência de ser si mesmas, elas se sentem internamente vazias e inúteis. O resultado disso é um "eu esgotado". Foi esse o título que Ehrenberg deu a seu livro. Em sua opinião, nossa "submissão às normas do desempenho" (Ehrenberg, 2006, p. 299) é responsável pelo fato de nós nos sentirmos constantemente cansados, vazios e descartáveis. O vazio interior é, portanto, uma reação da nossa alma à exigência excessiva de produzirmos sempre mais e de competirmos com os outros por meio do nosso desempenho.

A terapia contra esse vazio interior seria, portanto, a medida certa em todas as coisas, principalmente no trabalho, e a humildade, que nos ajuda a admitir que não podemos fazer tudo que queremos, que não devemos nos comparar constantemente com os outros. Devemos libertar-nos das expectativas da sociedade de sempre ter que apresentar uma imagem perfeita e de sempre ter que provar seu valor.

Aspectos espirituais do vazio

No acompanhamento espiritual, frequentemente encontro pessoas, principalmente pessoas espirituais como padres e religiosos, que se queixam de seu vazio interior. Elas rezam os salmos, mas as palavras passam por elas sem tocá-las. Elas celebram a Eucaristia, mas não vivenciam o mistério da transformação. Elas se ocupam com a Bíblia quando precisam pregar sobre um texto ou tentam trabalhar com ele em grupos, mas não conseguem ter acesso às Boas-Novas. Quando entram no silêncio para meditar, elas se sentem vazias. Temem ter perdido o contato com Deus. Algumas dessas pessoas se perguntam se ainda acreditam em Deus. Sentem a tentação que o ateísmo exerce sobre elas. Elas pregam aos outros, e as pessoas são gratas por suas palavras. Mas elas próprias não sentem o que dizem. Elas percebem um conflito interno entre aquilo que emanam e seu vazio interior. Conhecem os hinos, as palavras da Bíblia, mas elas os cantam e leem sem que seu coração seja tocado por eles. Às vezes, as palavras que dizem aos outros lhes parecem vazias. Elas vivenciam algo semelhante ao professor de Filologia, do qual Pascal Mercier fala em seu romance *Perlmanns Schweigen* [O silêncio de Perlmann]: o famoso filólogo Perlmann percebe de repente, durante a redação de sua palestra para um congresso, que, na verdade, ele nada tem a dizer. De repente,

> ele percebeu um aperto sufocante ao imaginar [...] que ele era impotente diante do vazio em sua mente (Mercier, 1997, p. 205).

Todos os pensamentos que ele tinha formulado com tanto cuidado lhe pareceram vazios. Alguns padres também percebem de repente, durante a redação de sua homilia: na verdade, nada tenho a dizer. Tudo que disse até agora me parece vazio.

Essas experiências de vazio interior são dolorosas. Elas nos obrigam a repensar como devemos colocar em palavras que correspondem às nossas emoções tudo aquilo que sentimos ou não sentimos. Elas também nos desafiam a admitir que nada podemos dizer sobre Deus.

Algo semelhante acontece no acompanhamento dos fiéis. Também nessa situação alguns padres percebem que já não sentem mais aquilo que dizem a seu interlocutor. Muitas vezes, sentem-se envergonhados diante da seriedade com que os cristãos que eles acompanham trilham seu caminho espiritual e percebem que seu próprio caminho espiritual se encontra num beco sem saída. Um padre me contou que, num grupo, ele deveria dizer algo sobre espiritualidade. Ele sentia que suas palavras não expressavam mais a verdade. E ele se assustou. E os ouvintes também perceberam que havia algo de errado. Então ele se desculpou alegando que não estava se sentindo bem. Mas ele sentiu que não poderia continuar assim.

Alguns se desesperam diante desse vazio interior e se perguntam se podem continuar sendo padres, se a vida religiosa ainda faz sentido para eles visto que estão tão desconectados internamente nas orações comuns e nas outras atividades espirituais. Eles culpam a si mesmos por se sentirem tão vazios, porque acreditam ter negligenciado a vida espiritual.

Alguns culpam a carga de trabalho que não lhes permite cultivar uma vida espiritual. Outros interpretam o vazio e a seca interior imediatamente como "noite escura", como crise de fé ou personalidade. Mas assim eles ignoram o vazio e lhe conferem uma coloração mística. Ainda outros reagem ao vazio interior seguindo todos os rituais externos. Sempre participam das orações, sempre estão presentes na missa, na meditação, em todas as atividades espirituais, para assim comunicar aos outros que tudo está bem, que estão no caminho espiritual. Mas dessa forma, eles não conseguem encarar o vazio porque se sentem culpados. Por isso, é importante não avaliar o vazio, mas simplesmente contemplá-lo e tentar entendê-lo: de onde ele vem? O que ele quer me dizer? O que ele está apontando?

Outra reação ao vazio interior é encobri-lo com atividades. Principalmente pessoas que atuam na área do aconselhamento costumam reprimir seu vazio interior trabalhando ainda mais. Elas justificam sua postura dizendo que estão a serviço de Deus e que precisam ajudar as pessoas. Mas, em algum momento, elas sentem o abismo que se abre entre aquilo que fazem externamente e seu vazio interior. Outras pessoas projetam seu vazio interior sobre os outros. Elas se queixam de que as pessoas não acreditam mais nos dias de hoje, que elas não se interessam mais por assuntos relacionados à fé. Quando reclamam dos outros, elas não precisam encarar seu próprio vazio.

Como lidar com o vazio

Muitas vezes, não podemos evitar que sintamos um vazio interior, que nos sintamos vazios por causa do excesso de trabalho, porque perdemos o contato com nossas emoções ou porque nossa vida espiritual se esvaziou. O importante é reagir adequadamente a essa experiência.

Tentativas de fuga

A sensação do vazio interior é desagradável. Por isso, tentamos fugir dele. Portanto, antes de refletir sobre como podemos reagir de maneira criativa ao vazio interior, quero descrever uma reação negativa que todos nós certamente conhecemos. Trata-se da tentativa de fugir do vazio interior.

Um tipo de fuga é lançar-se no trabalho e agir como se ele realmente fosse importante para você e lhe traz alegria. É claro que é melhor reagir ao vazio interior com trabalho do que simplesmente se entregar ao vazio interior e não fazer nada. Mas deveríamos nos perguntar: uso meu trabalho para encobrir o vazio interior? Especialmente em casos de depressão de exaustão – que hoje chamamos de *burnout* –, eu sempre pergunto: "O que a depressão quer lhe dizer? Ela quer lhe dizer que você ignorou suas necessidades? Ou ela é uma reação a seu vazio interior, que você não quer admitir?". Sempre se trata de olhar com muita atenção por que eu tive um *burnout*. Existem muitas causas. Às vezes, porém, um *burnout* me diz que eu reprimi meu vazio interior. Vi meu trabalho como possibilidade de preencher meu tempo para não ter que me ocupar comigo mesmo e com o vazio interior.

Outra forma de fuga é buscar uma diversão após a outra, correr de um evento para outro. Assim, até o tempo livre é preenchido com ir particulares, de modo que tempos vazios são evitados.

E também o hábito de sempre buscar informações novas, de fazer contatos novos, pode ser um tipo de fuga. O celular sempre oferece essa oportunidade. Em vez de encarar o vazio interior, buscamos nos distrair na internet e assim nos concentramos nos problemas dos outros em vez de encarar os nossos próprios problemas.

Existem muitas possibilidades de fugir do vazio interior. Assim que sua fome os confronta com o vazio interior, alguns recorrem à comida. Eles não a desfrutam, mas a usam para entupir seu vazio interior. Outros tentam preencher o vazio interior comprando coisas inúteis e desnecessárias. Mas essas não são soluções duradouras – o vazio não desaparece e não é preenchido de verdade.

Outro tipo de fuga é a fuga para exercícios espirituais. Meditar faz bem. A meditação pretende conduzir-nos para o silêncio, no qual encontramos a nós mesmos. Mas eu conheço pessoas que querem solucionar todos os problemas com a meditação. E, às vezes, tenho a impressão de que elas glorificam a meditação, como se sempre tivessem uma experiência espiritual profunda quando meditam. Mas elas usam esse entusiasmo pela prática espiritual para fugir de seu vazio interior. Elas se sentem especiais e se colocam acima dos outros que, na opinião delas, só levam uma vida superficial. Então existe o perigo de fugirmos para a megalomania para evitarmos o confronto com nossa própria verdade. Vemo-nos como pessoas muito espirituais, como místicos, e falamos apaixonadamente sobre nossas experiências místicas.

Quando peço que me falem de sua vida, ouço muitas vezes que sua vida é caótica. Essas pessoas precisam da sensação da grandiosidade para fugir da banalidade de sua vida. Mas essa não é uma solução. Em algum momento, elas são confrontadas dolorosamente com seu vazio. Então, todas as ilusões espirituais desmoronam.

Os místicos verdadeiros tiveram experiências espirituais profundas. Mas eles eram e são ao mesmo tempo críticos em relação a pessoas que falam de experiências místicas exageradas para se tornarem mais interessantes e fugir de seu vazio interior. Místicos autênticos sempre estiveram e estão no meio da vida, eles encaram o dia a dia com todos os seus problemas concretos e os resolvem com base em suas experiências espirituais.

A fuga para a grandiosidade também pode se expressar num menosprezo excessivo e num desprezo profundo por si mesmo. Já que não posso ser o melhor, quero pelo menos ser o pior que existe. Muitas vezes, porém, esse autodesprezo está vinculado a um desprezo pelos outros. Já que eu desprezo a mim mesmo, não posso respeitar os outros. O desprezo me impede de aceitar minha própria verdade.

Como remédio contra esse autodesprezo, São Bento recomenda a humildade – em latim: *humilitas*. Essa palavra deriva de *humus*, "terra". Humildade significa a coragem de descer para a própria sombra, onde se encontram nossos aspectos desagradáveis que reprimimos. Uma pessoa que tem a coragem de aceitar sua própria verdade não cairá nem em autodesprezo, nem em exaltação própria. Seus pés permanecerão firmados no chão e assim desenvolverá uma autoestima saudável. A psicologia atual redescobriu a humildade como uma postura útil e reconhece:

> O recuo do ego, o reconhecimento dos limites e das fraquezas promove nosso bem-estar – e cria conexão (Kratzer, 2023, p. 32).

A humildade

> é capaz de nos dar um lugar no mundo e um firmamento sólido. Ela nos dá paz interior inserindo-nos na realidade (Kratzer, 2023, p. 37).

Evágrio Pôntico e a acédia

O que a psicologia ensina e sabe hoje sobre o fenômeno do vazio psíquico se parece com o fenômeno da *acédia*, que o monge e eremita Evágrio Pôntico já descreveu minuciosamente no século IV d.C. *Acédia* se refere não só ao vazio, mas também ao enfastiamento. Está relacionada também à tristeza e à depressão.

Evágrio descreve não só o fenômeno do enfastiamento, do vazio interior, ele também aponta caminhos para lidar com isso e para superar o enfastiamento e o vazio interior.

Evágrio chama a acédia de demônio. Com isso, ele quer dizer que esse vazio nos invade como algo vindo de fora, que ele é igual a um adversário que devemos encarar e superar. Na tradição monástica, esse "adversário" é chamado de demônio do meio-dia. Esse nome tinha sua origem no modo de vida dos monges, cuja cela ou eremitagem se encontrava no deserto egípcio – e lá o calor se torna insuportável ao meio-dia. Era a hora de se retirar para a cela ou de se deitar na sombra depois do almoço para descansar.

Por outro lado, a acédia é um fenômeno típico do meio da vida. De repente, muitas pessoas percebem um vazio e um enfastiamento em tudo que fazem. Poderíamos chamar a acédia também de "incapacidade de permanecer no presente": estou inquieto, mas não faço nada de útil. Não estou com vontade de trabalhar. Isso é exaustivo demais para mim. Também não estou a fim de rezar, pois me sinto internamente vazio. Assim, a oração se transforma em tédio.

Mas nem tenho vontade de não fazer nada. Pois se não fizesse nada, eu sentiria meu vazio dentro de mim. Isso se expressa em insatisfação e na incapacidade de permanecer comigo, de me suportar.

Evágrio descreve minuciosamente e, ao mesmo tempo, com um pingo de humor e amargura, como a acédia se manifesta no monge. Ele a chama de demônio, porque assim ela se torna mais palpável para o monge e lhe permite lugar com ela:

> O demônio de acédia, também conhecido como demônio do Meio-dia, é provavelmente o mais difícil. Ele começa a atacar o monge por volta da quarta hora (10 horas) e não para até a oitava hora (14 horas).
>
> A princípio, parece ao monge que o sol se move muito lentamente, se é que se move, e que a duração do dia é de pelo menos cinquenta horas. Ele se sente compelido a continuar olhando pela janela, a sair da cela, a olhar atentamente para o sol para ver a que distância ele está da nona hora (15h), a olhar primeiro para um lado, depois para outro, talvez para ver um ou dois colegas monges saindo da cela.
>
> Lentamente, ele faz com que no coração do monge surja um ódio pelo lugar em que ele está, por sua vida atual e também pelo trabalho que está fazendo. Ele o leva a acreditar que o amor entre os irmãos morreu e que não há ninguém que o encoraje. Se alguém se aproximar demais dele durante esse período, esse demônio usa isso para aprofundar seu ódio. Agora ele anseia por outros lugares onde pode conseguir o que precisa para viver mais facilmente, onde é mais fácil encontrar trabalho e onde ele espera ser mais bem-sucedido.
>
> Ele não para de sussurrar para ele que seu lugar atual não é o único lugar onde ele pode levar uma

> vida que agrade a Deus, porque Deus pode ser adorado em qualquer lugar. Para isso, ele o lembra de seus entes queridos em casa e de seu antigo estilo de vida. Ele visualiza uma vida longa que ainda está à sua frente e, ao mesmo tempo, mostra a ele todo o esforço da luta ascética. Em outras palavras, ele tenta de tudo para persuadir o monge a dar as costas à sua cela e desistir da luta. Mas se esse demônio for derrotado, nenhum outro o seguirá tão rapidamente; um estado de profunda paz e alegria inexprimível é o fruto de sua luta vitoriosa contra ele (Praktikos, n.º 12).

Aqui fica bem claro o que significa *acédia*: a pessoa não consegue aceitar a situação atual da vida e sonha com uma vida diferente, mas, ao mesmo tempo, não tem coragem de partir e fazer algo diferente.

Em uma carta a um monge, Evágrio escreve sobre a natureza da acédia:

> A pessoa enfastiada odeia o que tem e deseja o que não tem (Bunge, 2009, p. 77).

Assim, encontramo-nos num dilema: por um lado, sentimos ódio pelo que vivemos atualmente, pelo lugar em que estamos, pelo trabalho que nos causa problemas. Por outro lado, pensamos constantemente no que está faltando, no que não se tornou realidade, mas que dificilmente pode ser alcançado. Portanto, o vazio interior é caracterizado pela inquietação. Você não faz nada, mas não consegue encontrar paz porque seus pensamentos estão sempre vagando. Você sonha com outro mundo para evitar a vida concreta e, portanto, não vive de verdade, apenas vegeta. Você está entediado. Você tem a impressão de que o dia não termina nunca. Tudo é tedioso e desagradável. Você resiste à sua vida, mas fica preso, reclamando dela, em vez de se levantar e fazer o que deseja.

Agora, Evágrio nos mostra o que pode nos ajudar a superar esse vazio interior, esse cansaço. Ele sugere três exercícios. Em primeiro lugar, ele diz:

> Quando a acédia nos tenta, é bom dividir, sob lágrimas, nossa alma em duas partes, por assim dizer: uma parte que encoraja e uma parte que é encorajada. Semeamos sementes de esperança inabalável em nós mesmos quando cantamos com o rei Davi: "Por que estás abatida, ó minha alma, e gemes por mim? Espera em Deus, pois ainda o louvarei: 'Presença que me salva e meu Deus!'" (Praktikos, n.º 27).

O que ele descreve aqui é o que ele mesmo chama de "método antirrético": quando percebemos sentimentos negativos dentro de nós que se expressam em palavras de autodepreciação, devemos recitar palavras da Bíblia para eles, que não dissipam os sentimentos negativos, mas os transformam. A primeira parte do versículo 6 do Salmo 42 expressa o sentimento negativo de tristeza e inquietação. Na segunda parte, ele encoraja a alma aflita. Uma maneira importante de transformar o vazio interior é admiti-lo, expressá-lo e, em seguida, oferecê-lo a Deus ou falar uma palavra de Deus para esse vazio, na esperança de que isso o transforme e o preencha com o amor e o cuidado de Deus, que deseja me tocar por meio da palavra.

Evágrio descreve o segundo método no capítulo seguinte:

> Na hora da tentação, não deves inventar desculpas mais ou menos críveis para sair de tua cela, antes permanece lá resolutamente e com paciência. Simplesmente aceita o que a tentação te trouxer. Acima de tudo, enfrenta essa tentação da acédia, pois ela é a pior de todas, mas também resulta na maior purificação da alma. Fugir ou se esquivar de tais conflitos torna o espírito confuso, covarde e temeroso (Praktikos, n.º 28).

Primeiramente, é necessário permanecer na cela em vez de fugir de seu vazio para atividades fora de casa. Evágrio ressalta repetidamente que essa resistência e perseverança é o exercício mais importante para transformar a acédia. O monge não precisa praticar exercícios piedosos. Somente a perseverança pode derrotar a acédia. Assim Evágrio escreve em outro lugar:

> Quando o espírito do desânimo te dominar, não sai de casa e não foge da briga útil quando chegar a hora. Pois, assim como se faz a prata brilhar, seu coração se tornará brilhante (Bunge, 2009, p. 128).

A perseverança purifica a alma, de modo que o desânimo perde toda a força, pois então você estará aberto novamente para sua própria vida e poderá voltar a enfrentar as coisas do dia a dia com entusiasmo.

Algumas pessoas fogem de sua cela pedindo ajuda a outros. Isso pode parecer positivo, mas também pode ser uma forma de enganar a si mesmo e fugir do vazio. Portanto, o primeiro conselho de Evágrio é simplesmente permanecer na cela, em casa, consigo mesmo e suportar sua inquietação interior. Em seguida, você deve observar atentamente o que está por trás da tentação da acédia, encará-la. A questão não é julgá-la, mas entendê-la. Se compreendermos o vazio interior, isso nos livrará de algumas ilusões, como a ilusão de que basta me esforçar o suficiente, fazer o esforço certo, para que eu sempre sinta uma conexão profunda com Deus. Ou que tudo o que preciso fazer é meditar para que o vazio desapareça. Essas são soluções simples demais que não funcionam de verdade.

Trata-se de olhar honestamente para o vazio e chegar ao fundo dele. Então, no fundo do meu vazio, sentirei que Deus me purifica de todas as minhas ideias sobre minha vida para que eu possa me abrir completamente para Ele.

Evágrio descreve a terceira ajuda para lidar com a acédia no capítulo 29:

> Nosso honrado mestre do ascetismo (Macário, o Grande) disse certa vez que um monge deve sempre viver como se fosse morrer amanhã. Ao mesmo tempo, porém, ele deve tratar seu corpo como se ainda tivesse uma longa vida pela frente. Pois, segundo ele, a primeira atitude o ajudará a afastar tudo o que tem a ver com acédia e a se tornar cada

vez mais zeloso em sua vida monástica. A segunda, no entanto, dará a seu corpo a saúde necessária para uma vida ascética (Praktikos, n.º 29).

Pensar na morte, que pode acontecer a qualquer momento, permite que o monge viva plenamente no presente. Isso o livra do medo de ter de suportar a vida rigorosa de um monge por muito tempo. Ao mesmo tempo, ele deve imaginar que viverá por muito tempo. Isso o leva a cuidar de seu próprio corpo e a tratá-lo com moderação. Portanto, ele deve reagir não só espiritualmente, mas também cuidando bem de sua saúde, levando seu corpo a sério.

A acédia certamente não é o mesmo que o vazio interior de que falam os psicólogos. Mas as observações de Evágrio sobre esse assunto mostram como ele conhece bem a alma humana e que os monges, tanto naquela época como agora, precisam lutar com as mesmas dificuldades que as pessoas fora dos muros do mosteiro. Algumas das descrições nos surpreendem, por exemplo, quando se trata de encobrir ou aparentemente preencher nosso vazio interior por meio do ativismo, embora ser ativo possa ser bom para as pessoas. Mas Evágrio reconhece que, muitas vezes, justificamos nosso ativismo, mesmo que as justificativas sejam apenas desculpas: "Os outros precisam de mim"; "Sou tão importante para os outros. Posso fazer muito por eles". Tudo isso são motivos que também têm sua justificativa. Mas devemos sempre verificar se eles realmente se baseiam no amor e na dedicação aos outros ou se são uma fuga de nosso próprio vazio interior.

A resposta apropriada ao vazio interior

Existem diferentes maneiras de lidar com o vazio. Uma delas é penetrar o vazio interior com sua consciência e atravessá-lo. Muitas vezes, isso lhe permite perceber que existe outra coisa por trás do vazio. No início, esse "outro" é muito difuso e pouco claro. Mas se você observar esse sentimento difuso mais de perto, encontrará um profundo anseio. É o desejo de que o vazio seja preenchido. E é o desejo de estar livre de falsas autoimagens, de abandonar meu próprio ego, que constantemente me leva a projetar uma imagem minha ainda melhor, é o desejo de entrar em contato com meu verdadeiro eu. Se eu encarar esse anseio, perceberei que a maneira como eu me via até agora não é mais verdadeira. Esvaziar-me é a chance de eu descobrir meu verdadeiro eu por trás de todas as imagens.

Muitas pessoas que falam sobre seu vazio interior desejam voltar a experimentar a plenitude da fé, sentir a cura e a proximidade amorosa de Deus mais uma vez. O escritor francês Antoine de Saint-Exupéry disse certa vez que o desejo de amar já é amor. Portanto, podemos dizer: a fé já está presente no anseio pela fé. E no anseio pelo preenchimento do meu vazio, já existe um indício dessa plenitude dentro de mim. Eu já conheço a sensação de plenitude. O anseio que sinto por trás do meu vazio me permite suportar o vazio em vez de ignorá-lo ou suprimi-lo com ações. O desejo e o vazio andam juntos.

Durante um dos cursos que ofereço em nossa casa de hóspedes, conversamos sobre os problemas que os participantes estavam enfrentando naquele momento. Muitos falaram sobre dificuldades no trabalho, uma mulher estava decepcionada com a Igreja para a qual havia trabalhado tanto e agora se sentia magoada. Um homem disse que estava feliz por estar envolvido em sua empresa e na comunidade eclesial. Mas de repente ele hesitou e começou a chorar. Então ele continuou e disse que seu verdadeiro problema era o vazio que sentia dentro dele.

Tentamos analisar esse vazio em conversas individuais. Sua fé, que ele vivia ativamente, era importante para ele. Durante a conversa, ele percebeu que, na verdade, precisava abrir mão de seu ego. Ele sempre se viu como um cristão zeloso e se colocou acima dos outros. Para ele, o vazio era um convite para desistir de sua autoimagem e, portanto, de seu ego e se render a Deus. Depois disso, não se recriminou mais. Ele percebeu que o vazio era um desafio para que se libertasse de seu ego, que o pressionava a projetar certa imagem por meio de seu compromisso com a Igreja a fim de obter reconhecimento.

Em vez de se condenar por seu vazio interior, ele agora o reconheceu como uma força motriz para se entregar a Deus e permitir que Deus preenchesse o vazio. Ele sentiu uma grande liberdade interior e foi capaz de se entregar a Deus. Ele deixou de ter medo do vazio. O vazio se transformou num convite para que ele se libertasse interiormente de todas as tentativas de se apropriar de Deus e de usá-lo para seus objetivos pessoais. Nessa liberdade, experimentou Deus de uma nova maneira: não como um belo sentimento religioso, mas como alguém que o conduz à liberdade e à vastidão.

Não importa se sentimos um vazio devido à exaustão ou à falta de sentido, precisamos responder espiritualmente também a esse vazio mais psicológico. Nesse caso, é importante aceitá-lo com toda a humildade. Assim, poderei transformá-lo como uma experiência dolorosa no caminho espiritual do esvaziamento. Aceito meu vazio e imagino como todas as autoimagens são apagadas nele, como todas as ideias que tenho de mim mesmo, como eu deveria ser ou quem eu sou, são deixadas de lado, e então descubro meu verdadeiro eu por trás do vazio psíquico.

Devemos reagir de maneira semelhante ao vazio espiritual. Nesse caso, também é importante suportá-lo. É doloroso admitir para si mesmo que você está vazio por dentro. Talvez você seja admirado por causa de todas as tarefas e posições que assumiu e realizou. Mas por trás disso há um vazio interior. O primeiro passo é suportar esse vazio com humildade para que ele possa se transformar. O segundo passo é perguntar a si mesmo que sentido ele tem. Todo sentimento tem um significado. É importante reconhecer isso e, em seguida, dar uma resposta adequada.

As pessoas afetadas podem descobrir que o vazio questiona a imagem que elas têm de Deus. Até agora, elas viam Deus como alguém com quem podiam conversar como um amigo ou que sempre as preenchia de amor e paz, que as inspirava e as tocava. Mas, no vazio, elas perderam essa imagem de Deus. Talvez também sentissem no passado que Deus as protegia e curava. Mas agora a doença reaparece. Isso abala a imagem do Deus que ajuda e cura. Quando nossas antigas imagens de Deus se desfazem no vazio, devemos nos perguntar: quem é Deus para mim? Como posso vivenciar Deus? Será que Deus me abandonou? Ou será que foi apenas a imagem que eu tinha dele que me abandonou? Como posso imaginá-lo? Ou simplesmente tenho que me render ao mistério do Deus incompreensível, como o teólogo Karl Rahner recomenda repetidamente?

Uma ajuda nessa situação pode ser o entendimento de que Deus é sempre pessoal e sobrepessoal, um Tu a quem posso me dirigir e que fala comigo nas palavras da Bíblia ou nos impulsos internos de minha alma. E, ao mesmo tempo, Deus também é o amor que permeia tudo, o poder, a energia inesgotável. Deus é a beleza primordial que brilha em toda beleza. O vazio interior é um convite para nos voltarmos para a imagem sobrepessoal de Deus. Isso não significa que eu negue a imagem pessoal. Mas há fases em nossa vida espiritual em que a imagem pessoal ocupa o primeiro plano, e então há também períodos em que experimentamos Deus mais no cosmo, na beleza da natureza, na fonte espiritual que brota dentro de nós. Nesses casos, o objetivo é atravessar o vazio até o fundo da alma e sentir essa fonte interior. Algumas pessoas dizem: seria bom se eu pudesse sentir a fonte interior. Mas eu não sinto. Não podemos forçar uma experiência. No entanto, muitas vezes, ajuda imaginar que essa fonte interna está borbulhando por trás do meu vazio. Então, de repente, tenho uma experiência diferente.

O vazio me convida a questionar minha imagem de Deus. Será que ainda tenho ideias infantis? Por exemplo, ainda acho que Deus faz tudo por mim e cuida de mim, me sustenta como um pai ou me dá segurança e um lar como uma mãe? Essas imagens são verdadeiras até certo ponto. Mas Deus não é apenas um pai ou uma mãe. E, acima de tudo, tenho que me perguntar se não estou simplesmente projetando sobre Deus minhas próprias experiências de paternidade e maternidade. Deus é pai e mãe, mas também é o "completamente diferente". Ele é aquele que me confronta com minha própria verdade, aquele que é a verdadeira liberdade e que a transmite. Ele me dá segurança, mas também me conduz para fora dessa segurança. Ou para usar uma imagem bíblica: ele me tira do Egito, me faz atravessar o deserto do vazio interior para me conduzir à Terra Prometida, onde posso ser eu mesmo, onde posso colher o que planto.

Se o padre ou conselheiro sentir como Perlmann no romance que ele não tem nada a dizer, então a resposta apropriada seria admitir humildemente diante de si mesmo: sim, eu realmente não tenho nada a dizer. Assim consigo perceber os pontos em que minhas palavras são apenas frases vazias. Falarei com mais modéstia sobre Deus e com mais honestidade. Direi somente o que é verdadeiro para mim, o que tento acreditar. E com todas as palavras que eu disser, sempre adotarei as palavras do filósofo grego Sócrates: "Sei que nada sei". Isso tornará meus sermões mais honestos e, em última análise, tocará mais as pessoas do que se eu falar demais e proclamar verdades dogmáticas com uma certeza fingida.

Outra reação apropriada ao vazio interior é não me colocar sob a pressão de ter que superá-lo o mais rápido possível. Algumas pessoas ficam com a consciência pesada. Elas se forçam a meditar mais, a rezar mais ou a reativar sua vida religiosa. Mas muitas vezes isso é apenas um comportamento externo que não muda nada. A melhor maneira seria atravessar o vazio até chegar ao fundo interno da alma e confiar que Deus vive lá, mesmo que eu não o sinta no momento. Esse é o caminho místico que, de acordo com o Mestre Eckhart, não é acompanhado por sentimentos fortes, mas por uma calma interior.

Se eu aceitar o vazio interior, posso confiar que Deus o preencherá com seu espírito, com seu amor, mesmo que eu não o sinta. Em meu vazio, sinto que Deus está para além de todas as imagens e ideias e para além de todos os sentimentos.

O místico alemão Johannes Tauler descreve o vazio interior como um fenômeno típico da meia-idade:

> Todos os pensamentos santos e imagens amáveis e a alegria e o júbilo e tudo que lhe é dado por Deus – tudo isso agora lhe parece coisa bruta, e ele é expulso disso, de modo que ele não consegue mais saboreá-lo e não deseja permanecer ali (Tauler, 1961, p. 174).

Tauler explica o motivo desse vazio interior assim: na meia-idade, ele estava muito focado na natureza e não em Deus. Para Tauler, "natureza" significa sentimentos, humores, entusiasmo. Mas Deus está além dos sentimentos. Para Tauler, a sensação do vazio é, portanto, um convite para ir além dos sentimentos e buscar e reconhecer Deus como Deus.

O Mestre Eckhart diz que algumas pessoas veem Deus como uma vaca: elas querem o leite, mas não estão interessadas na vaca em si. Isso significa que muitas pessoas querem algo de Deus – sentimentos agradáveis, paz interior e contentamento. Mas elas não querem o próprio Deus.

Muitas vezes, o vazio interior se manifesta no fato de eu não permitir mais que eu seja tocado pelas pessoas, pelas palavras, pela beleza da natureza. Nesse caso, o vazio é uma expressão de insensibilidade emocional. Não sinto nem a beleza da natureza nem a glória e a majestade de Deus. Nesse contexto, Tauler usa a imagem da camada de couro que algumas pessoas enrolaram em torno de seu ser interior, de modo que não conseguem mais entrar em contato consigo mesmas e com o fundo de sua alma. O vazio interior como uma expressão de insensibilidade é um desafio para que eu me permita ser tocado novamente pelo que encontro – pela música, por uma paisagem, pelas palavras da Bíblia que conscientemente permito que me penetrem, por uma boa conversa, por uma refeição compartilhada, por uma exposição ou por outro evento. Devo aprender a perceber meu ambiente com meus sentidos. Devo aprender a olhar de tal forma que eu veja a beleza de Deus na beleza do que vejo, que ouça o inaudível no que ouço, que saboreie algo da bondade de Deus no que provo, que cheire o mistério no que cheiro e sinta algo da ternura de Deus no que toco.

O vazio é uma expressão do fato de que não tenho mais a experiência de Deus. Para transformar o vazio, preciso voltar a perceber conscientemente o mundo por meio de meus sentidos e tocar o mundo com eles. Quando estou completamente em meus sentidos, às vezes, consigo ter a experiência sobre a qual o escritor e crítico social francês Marcel Proust escreveu, quando tomou um gole de chá enquanto comia um pedaço de bolo e teve uma experiência avassaladora:

> Uma felicidade incrível, que existia completamente por si mesma e cuja razão percebeu desconhecida a mim mesmo, tinha me invadido (Proust, 1964, vol. 1, p. 63).

Naquele momento, ele experimentou algo de Deus. E, de repente, ele soube: "Nunca mais me sentirei sozinho". A experiência de Deus o levou a uma nova autoconsciência. De repente, o vazio desapareceu, e ele sentiu o mistério de sua existência.

Às vezes, o vazio interior também decorre do fato de que só trabalhamos e não reservamos mais tempo para nos envolver mais profundamente com o silêncio, com a beleza da natureza. Deixamos de ir a um concerto ou ao teatro, de ler um livro, não fazemos nada além de trabalhar.

Essa experiência de vazio interior não é vivenciada apenas por padres e conselheiros, mas também por muitas outras pessoas. Elas se dedicaram ao trabalho, à sua empresa, por muito tempo. Mas agora não gostam mais do trabalho. Sentem-se vazias por dentro no que fazem e perderam o sentido no trabalho. Ainda trabalham muito. Mas há um vazio interior por trás disso.

Geralmente, o vazio interior é um sinal de que não sinto mais que sou eu mesmo. Portanto, preciso primeiro ser capaz de me perceber novamente com tudo o que está dentro de mim e com tudo que emerge dentro de mim assim que paro de correr por aí.

Muitas pessoas querem fazer exatamente isso, mas não conseguem. Não posso simplesmente decidir que quero sentir a mim mesmo. Mas talvez eu possa ter sucesso com algumas ideias concretas que eu posso colocar em prática. Uma ajuda, por exemplo, é colocar a mão sobre o coração e sentir meu interior. Ou posso colocar a mão sobre o estômago e encontrar meu centro. Também posso colocar uma mão na outra e me sentir amparado por Deus dessa forma. Outra possibilidade é deixar-me tocar pelas pessoas, pelas palavras, pela natureza. Não posso sentir Deus se não sentir a mim mesmo. Cipriano de Cartago já sabia disso. Ele escreveu:

> Como podes exigir de Deus que ele te ouça se tu não ouves a ti mesmo? Queres que Deus pense em ti e tu não pensas em ti mesmo (Cipriano de Cartago, 1918, cap. 31).

Muitas vezes acreditamos que devemos nos concentrar em Deus durante a oração. Mas a oração é, antes de tudo, um encontro. Só posso encontrar Deus se encontrar a mim mesmo. Portanto, a oração consiste em me colocar diante de Deus com meu vazio, meu caos interior, minhas dúvidas, minha distância de Deus, minha insensibilidade e imaginar que seu amor curador e transformador flui para minha realidade. Esse encontro produz uma nova experiência de mim mesmo e também me permite vislumbrar a Deus. Ele é a verdade real. E eu só posso sentir essa verdade se eu apresentar minha própria verdade a Deus. Em nenhuma circunstância devemos reprimir nosso vazio interior.

Pois é assim que nos tornamos cada vez mais vazios e insensíveis a Deus e à vida espiritual. Precisamos admitir o vazio. Só assim posso reagir a ele, por exemplo, sentando-me em silêncio e reconhecendo-o. Depois, eu o atravesso e observo o que acontece. Talvez, o que aparece por trás do vazio seja decepção – com as pessoas, com a Igreja ou até mesmo com Deus. Talvez ele não tenha atendido às minhas expectativas de recompensar meus esforços de viver uma vida espiritual. Ou porque a pessoa que eu tanto amava morreu apesar de minhas orações. Deus me decepcionou porque a doença voltou depois que o câncer foi curado ou porque encontrei muita negatividade nos últimos anos e muitos sonhos de uma vida boa foram destruídos. Então, devo me perguntar se vejo Deus apenas como aquele que deve sempre cumprir meus desejos, que deve me proteger de doenças e acidentes e que deve me trazer sucesso. Então, quando passo pelas decepções, percebo que criei minha própria imagem de Deus. O vazio interior me convida a buscar Deus para além de todas as imagens.

Muitas vezes falamos sobre o vazio dentro de nós de tal forma que fica claro que queremos superá-lo, livrar-nos dele, porque temos a impressão de que é algo negativo que dificulta nossa vida. Mas o que estamos combatendo dentro de nós permanece conosco. O vazio do qual queremos nos livrar tão desesperadamente sempre nos alcançará. Uma maneira melhor de descrevê-lo seria falar sobre os sentimentos que associamos a ele. Quais sentimentos esse vazio provoca em nós? Que imagens vêm à mente? Qual poderia ser a causa desse vazio? E que mensagem ele transmite? Com o que me deparo quando passo por ele? O que pode ser encontrado por trás do vazio? Assim, nós nos familiarizamos com ele. E só então o vazio pode se transformar.

Se o percebermos conscientemente e o atravessarmos, sentiremos um profundo anseio por trás dele. É o anseio por amor, por abundância, por segurança e lar, o anseio por um mistério que é maior do que nós mesmos. Em última análise, é o anseio por Deus. Se olharmos para o vazio dessa forma, ele é o grito da alma por Deus. Essa experiência corresponde às palavras que o salmista escreveu em uma situação semelhante:

> Das profundezas clamo a ti, SENHOR: Senhor, escuta minha voz (Salmos 130,1-2).

Percebo que o vazio pode ser não apenas uma expressão de depressão, mas também um sintoma de meu desejo mais profundo. Quando meu vazio interior se manifesta como anseio, ele se transforma, o que também é uma forma de cura. Isso não significa que devemos rejeitar a cura por outros meios, por exemplo, por meio da terapia. Ambos são importantes: suportar o vazio e voltar a entrar em contato com meus sentimentos por meio dele. Isso acontece, por exemplo, por meio de um processo terapêutico no qual analisamos e processamos as causas do vazio interior, que geralmente se encontram nas experiências da infância.

Mas o caminho espiritual, que descobre um anseio profundo nesse vazio e por trás dele, também pode transformá-lo e me abrir para algo que pode preencher meu vazio de uma forma positiva. Em última análise, ele me abre para o mistério do Deus indescritível. Então, o vazio psicológico se aproxima do fenômeno do vazio que os místicos cristãos descrevem como uma condição para se tornar um com Deus. O caminho do zen também fala desse vazio e vê o objetivo da meditação em esvaziar-se e, assim, perceber o mistério do divino.

O vazio que é plenitude

Não só a tradição cristã, também o zen-budismo e outras religiões falam do vazio que pode se transformar em plenitude, do vazio como experiência espiritual que nos abre para Deus.

O vazio é condição para que Deus possa entrar em nós e nos preencher com seu amor. Quando a tradição cristã fala do vazio nesse sentido positivo, ela se refere principalmente ao hino na Epístola aos Filipenses, que fala de Jesus que se esvaziou.

O conceito do "esvaziamento" na Igreja primitiva

Clemente de Alexandria, filósofo e escritor da Igreja primitiva, diz que o cristão deve se esvaziar de preocupações terrenas. Santo Agostinho usou uma imagem para isso que se repete várias vezes na tradição: o vaso deve estar vazio do egocentrismo de girar em torno de si mesmo para que Deus possa derramar nele o seu amor.

Nesse contexto, os Padres da Igreja interpretaram repetidamente o hino de Filipenses, que diz sobre Jesus Cristo:

> Ele, subsistindo na condição de Deus, não se apegou à sua igualdade com Deus. Mas esvaziou-se a si mesmo, assumindo a condição de escravo, tornando-se solidário com os seres humanos (Filipenses 2,6-7).

O texto grego usa aqui a palavra *ekenosen*. Ela é traduzida como: "Ele se esvaziou". Cristo esvaziou-se de sua divindade e tornou-se totalmente humano. Os Padres da Igreja entendiam que esse "esvaziamento" significava que a encarnação de Deus em Jesus era uma "humilhação autêntica" (von

Balthasar, 1970, p. 145). Eles viam o esvaziamento principalmente em relação à encarnação de Deus em Jesus Cristo.

Entretanto, a tradição espiritual sempre interpretou as palavras de Filipenses de tal forma que, para nós, humanos, o caminho do "tornar-se si mesmo" também é um caminho de esvaziamento. O esvaziamento envolve humilhação. Assim o texto diz sobre Jesus:

> Ele humilhou-se, feito obediente até a morte, até a morte numa cruz (Filipenses 2,6-7).

Ou seja, nós nos tornamos verdadeiramente humanos quando, como Cristo, nos esvaziamos de todas as coisas externas – da busca por prestígio, sucesso e riqueza – e quando nos dispomos a descer às profundezas de nossa alma, ao fundo, onde tudo que é puramente terreno morre. O esvaziamento de nós mesmos é a precondição para que o amor de Deus possa nos preencher, e a humildade de descer ao fundo de nossa alma é a condição para nos reerguermos como uma pessoa nova. Se descermos com Cristo até as profundezas de nossa alma, também poderemos ascender com Ele ao céu, como diz Efésios:

> Aquele que desceu é também quem subiu acima de todos os céus, para completar todas as coisas (Efésios 4,10).

C. G. Jung cita esse versículo com frequência para mostrar que a psicoterapia nada mais quer do que descer com Cristo até as profundezas do inconsciente para poder ascender ao céu com ele.

O esvaziamento como caminho para o eu em C. G. Jung

Para o psicólogo C. G. Jung, a descida e o esvaziamento de si mesmo não é apenas um caminho para Deus, mas também um caminho para nosso verdadeiro eu. Devemos nos esvaziar de todas as autoimagens para que o eu verdadeiro, original possa emergir. Esvaziar-se sempre significa também remover qualquer turvamento que obscurece nosso verdadeiro eu. E significa libertar-se de todo "lixo" que surge em nós assim que tentamos nos aquietar.

Algumas pessoas não conseguem se encontrar no silêncio. Assim que se sentam para se aquietar, ficar em silêncio, estar consigo mesmas, mil pensamentos aparecem nelas. Em geral, são coisas bastante banais, como: o que comerei hoje à noite? O que vestirei no evento de amanhã? O que me esqueci de fazer no trabalho? Ou: como está minha mãe doente?

Esvaziar-se também significa silenciar todos esses muitos pensamentos. Mas os pensamentos só se silenciam quando eu os aceito, quando admito humildemente diante de mim mesmo que estou cheio de preocupações superficiais sobre como será o dia de amanhã, se vai chover ou se o sol vai brilhar. Muitas vezes, estamos tão cheios de tais pensamentos que perdemos o contato com nosso centro, com nós mesmos. Portanto, precisamos limpar a casa de nossa vida de toda essa "bagunça" e esvaziá-la para que os pensamentos realmente importantes tenham espaço e Deus possa entrar.

O vazio como plenitude em Simone Weil

A filósofa, revolucionária social e mística Simone Weil desenvolveu uma outra abordagem. Para ela, o esvaziamento do homem diante de Deus é o ponto de partida. No centro está a atenção. Segundo Weil, esse termo não significa fazer um esforço para se concentrar em alguma coisa, mas:

> Atenção consiste em suspender o pensamento, disponibilizar o espírito, esvaziá-lo e abri-lo para o objeto [...]. Sobretudo o espírito deve estar vazio, em estado de espera, sem buscar nada, mas preparado para acolher o objeto que entrará nele em sua verdade nua (Weil, 1987, p. 62).

Trata-se de esvaziar a alma em estado de atenção

> para permitir a entrada dos pensamentos da sabedoria eterna (Weil, 1987, p. 64).

Isso vale também para o caminho espiritual. Weil escreve:

> A graça preenche, mas ela só pode entrar onde existe um vazio capaz de recebê-la (Weil, 2009, p. 54).

Para o caminho espiritual, esvaziar-se significa desistir do mundo e dos seus bens. O ser humano só percebe a beleza do mundo quando ele desiste de querer possuir o mundo. Simone Weil desdobra seus pensamentos sobre o vazio de acordo com o autoesvaziamento de Cristo descrito no hino de Filipenses. Assim como Cristo se esvaziou de sua divindade, nós deveríamos nos esvaziar do mundo.

Para ela, o vazio significa

> não exercer todo o poder do qual dispomos (*apud* Beyer, 1991, p. 146).

Se seguirmos o exemplo de Jesus e nos esvaziarmos de todos os nossos esforços para obter bens materiais e espirituais, a graça poderá entrar em nós. Por isso Weil pode dizer que o vazio é a suma plenitude. Para Simone Weil, o esvaziamento de Deus na encarnação de Cristo é uma continuação do esvaziamento que Deus realiza na criação. Nesse contexto, Weil fala de "*décréation*": a criação é a renúncia visível de Deus ao poder.

> No ato da criação, Deus se esvaziou de sua divindade (*apud* Beyer, 1991, p. 149s.).

Na criação, Deus renuncia à sua onipotência e, assim, torna-se um Deus fraco e sofredor. Portanto, muitas vezes, o vazio se revela a nós na ausência de Deus. Weil formula isso de maneira paradoxal:

> Na criação, Deus só pode estar presente na forma da ausência (*apud* Beyer, 1991, p. 151).

Portanto, não devemos acusar Deus de estar ausente nem nos culpar quando o percebemos como ausente. Em vez disso, a ausência de Deus representa

> uma proteção para o homem, é um sinal do amor de Deus (*apud* Beyer, 1991, p. 151).

Todas essas reflexões mostram que, para Simone Weil, o vazio é um elemento central no caminho espiritual, mas também é essencial para a compreensão de Deus e de Jesus Cristo. O vazio permite a experiência da graça. Por outro lado, ela diz:

> Todos os pecados são tentativas de preencher o vazio interior (*apud* Beyer, 1991, p. 147).

Se não permitirmos que Deus preencha nosso vazio, tentaremos preenchê-lo por conta própria – e, para Simone Weil, essa é a definição de "pecado". Para Simone Weil, aceitar o vazio significa renunciar aos esforços constantes que levam o eu à exaustão, significa renunciar à necessidade de criarmos uma imagem falsa de nós mesmos, de nos provarmos e justificarmos constantemente e de querermos possuir algo, tanto material quanto espiritualmente. O vazio nos liberta da ideia da performance espiritual.

Muitos caem nesse vazio porque querem assumir o controle sobre a vida espiritual e se obrigam a rezar o tempo todo, a seguir fielmente todos os mandamentos da Igreja e se tornar uma pessoa espiritual – embora muitas vezes não esteja claro o que eles querem dizer com isso.

Para Simone Weil, suportar o vazio significa dizer adeus à luta exaustiva de combater e controlar todas as atitudes negativas e pensamentos destrutivos. É claro que a ação também faz parte da vida espiritual. Mas sempre vivemos na tensão de não conseguirmos o que queremos. O vazio nos lembra dessa tensão. E nos convida a abrir mão da pressão à qual nos submetemos e a nos entregar a Deus na esperança de que Ele transforme tudo em nós. O que podemos fazer é nunca desistir da busca por Deus e manter tudo o que surge dentro de nós em um relacionamento com Ele. O vazio nos mostra que não podemos forçar a experiência de Deus e que não podemos alcançar nosso aperfeiçoamento por meio de nossos próprios esforços.

Esvaziar-se e rezar – Evágrio Pôntico

Evágrio Pôntico não escreveu apenas sobre o vazio como enfastiamento, mas, acima de tudo, sobre o vazio como uma condição para a oração verdadeira. Em seu livro *Sobre a oração,* ele descreve detalhadamente que o monge deve primeiro abandonar a raiva e o rancor.

> Pois o rancor turva o espírito do ser humano que reza e lança uma sombra sobre sua oração (Evagrius, 1986, n.º 20).

Depois, é preciso deixar de lado as mágoas e os ressentimentos. Quem não consegue fazer isso

> e ainda assim tenta rezar é semelhante ao ser humano que pega água na fonte e a derrama num barril perfurado (Evagrius, 1986, n.º 22).

Mas Evágrio vai um passo além: na oração, não devemos apenas nos esvaziar de paixões como raiva e rancor, mas também de todo pensamento, na verdade, de toda imagem:

> Ao rezar, não deves imaginar a deidade como imagem. Liberta teu espírito de qualquer forma e aproxima-te sem qualquer matéria do ser imaterial, pois só assim tu o reconhecerás (Evagrius, 1986, n.º 66).

Evágrio nos adverte que não devemos confundir nossas ideias de Deus na oração com o próprio Deus. Nem mesmo os bons sentimentos que, às vezes, experimentamos na oração são Deus. Qualquer um que acredita que esses sentimentos vêm de Deus confunde a fumaça com o fogo (cf. Evagrius, 1986, n.º 68). Portanto, Evágrio adverte:

> Permanece atento e não se apega a nenhuma ideia durante a oração, antes permanece em profundo silêncio. Só então ele, que tem misericórdia dos ignorantes, visitará uma pessoa tão insignificante como tu e te concederá a maior de todas as dádivas, a oração (Evagrius, 1986, n.º 69).

Para Evágrio, o esvaziamento de pensamentos, sentimentos e imagens é, portanto, a condição para a oração verdadeira, na qual Deus preenche o vazio da alma humana com seu amor.

A tradição beneditina segue o ensinamento de Evágrio sobre a oração. Ela interpreta o esvaziamento ao orar com uma palavra do salmo como *vacare deo*, ou seja, como "estar vazio para Deus, estar livre para Deus".

O versículo do salmo ao qual os monges se referem diz, na tradução latina da Bíblia: "*vacate et videte quoniam ego sum Deus*":

> Rendei-vos [esvaziai-vos] e reconhecei que eu sou Deus (Salmos 46,11).

Em latim, *vacare* é frequentemente entendido como "estar livre de". No entanto, a tradição monástica sempre entendeu essa palavra no sentido de "estar livre para": para leitura e oração, em última análise, para Deus.

Vacare deo, "ser livre para Deus", era entendido como a definição da vida monástica. Os monges beneditinos interpretam o versículo do salmo acima da seguinte forma: devemos nos esvaziar, livrar-nos de tudo que nos prende, e então veremos, reconheceremos, contemplaremos Deus e perceberemos quem é Deus.

Esse ser livre para Deus, esvaziar-se para Deus, é concretizado no estar livre para a leitura. No domingo – afirma São Bento –

> todos os confrades devem estar livres para a leitura [lectioni vacent] (Regra de São Bento 48,22).

Ao reservar um tempo para a leitura e a oração, eu me abro para Deus, esvaziando-me dos pensamentos cotidianos e dos sentimentos negativos, como a raiva e a inveja, que surgem repetidamente no dia a dia. Dessa forma, o *vacare* é um programa para o ascetismo, no qual nós nos purificamos cada vez mais de tudo que obscurece nossa alma e nos esvaziamos das coisas terrenas para que Deus possa preencher nosso espírito.

Livrar-se de todas as coisas – Mestre Eckhart

O teólogo medieval Meister Eckhart foi mais radical do que outros místicos ao falar sobre o fato de que o homem deve se esvaziar completamente para que Deus possa nascer nele. Para fazer isso, ele deve estar "vazio" de todas as coisas terrenas, o que também significa estar vazio de todas as ideias e imagens que ele tem de Deus. Repetidas vezes em seus sermões, Eckhart adverte seus ouvintes que eles devem se esvaziar para que Deus possa preencher esse vazio. Ele diz:

> Saiba! Deus não pode deixar nada vazio ou não preenchido: Deus e a natureza não toleram que nada esteja vazio ou não preenchido. [...] Deus, o mestre da natureza, não tolera que nada esteja vazio. Portanto, permaneça imóvel e não se afaste desse vazio (*apud* Stachel, 1992, p. 30).

Famosa é sua interpretação da primeira bem-aventurança no Novo Testamento:

> Felizes os que têm espírito de pobre, pois deles é o reino dos céus (Mateus 5,3).

Eckhart não entende isso como referência à pobreza externa, que ele recomenda, mas à pobreza interior de uma pessoa. Verdadeiramente pobre é aquele que não quer nada, não sabe nada e não tem nada. Eckhart interpreta essa frase em termos paradoxais:

> Enquanto você quiser cumprir a vontade de Deus e desejar a eternidade e Deus, você não será pobre, pois só é pobre quem não quer e não deseja (*apud* Stachel, 1992, p. 142).

Isso inclui "livrar-se"

> de todo conhecimento, para que o ser humano não saiba, nem reconheça, nem vivencie que Deus vive nele (*apud* Stachel, 1992, p. 143).

Deus opera no fundo da alma. Lá, não há diferença entre os dois. Portanto, o ser humano não adquire nenhum conhecimento sobre a obra de Deus. Deus simplesmente opera nele. E o ser humano permite isso. Para Eckhart, esse é o verdadeiro vazio interior e, ao mesmo tempo, a liberdade que então é completamente preenchida por Deus. Pobre é o ser humano em quem o próprio Deus

> é um lugar de suas obras, em quem Deus é aquele que age em si mesmo. Aqui, nessa pobreza, o ser humano alcança o ser eterno que ele foi e que agora ele é e que ele será para sempre (*apud* Stachel, 1992, p. 146).

Mestre Eckhart também descreve como "nada" o vazio no qual encontramos Deus e no qual somos preenchidos por Ele. Aqui, ele não se refere ao nada absoluto, mas ao nada no sentido de uma "teologia negativa", em que não sabemos quem é Deus. Só podemos dizer: isso não é Deus, não podemos dizer: isso é Deus. Nosso sentimento não é Deus, nossa experiência de Deus não é Deus. Deus não é a imagem que temos dele.

Eckhart interpreta a conversão de Paulo nesse sentido, conforme descrito por Lucas no capítulo 9 dos Atos dos Apóstolos. Ele interpreta o versículo 8 – "embora tivesse os olhos abertos, não enxergava nada" – em um sentido quádruplo:

> O primeiro significado é este: quando ele se levantou da terra, não viu nada de olhos abertos, e esse nada era Deus; pois quando ele viu Deus, ele o chama de nada. O segundo significado é: Quando ele se levantou, não viu nada além de Deus. O terceiro: Em todas as coisas ele não viu nada além de Deus. O quarto: Quando ele viu Deus, viu todas as coisas como nada (Quint, 1977, sermão 71).

Essas afirmações podem ser interpretadas da seguinte forma: na cegueira, a imagem anterior de Deus escureceu. E assim Paulo se abriu para Deus, que está além de todas as imagens. Essa compreensão de Deus significa que agora ele vê Deus em tudo. Toda a natureza é permeada por Deus. Algo de Deus resplandece em cada rosto humano. Ao mesmo tempo, Paulo está livre de toda curiosidade de olhar para as coisas. Ele não vê nada além de Deus. Ele não está interessado em nada terreno. Para ele, tudo só se torna interessante quando vê Deus em todas as coisas: a beleza e a plenitude de Deus.

Às vezes, as formulações do Mestre Eckhart soam radicais para nossos ouvidos modernos. Mas elas continuam significativas para nós: para entrar no "Reino dos céus", como diz a primeira bem-aventurança de Jesus, você não precisa fazer nenhuma obra espiritual, não precisa trabalhar nem realizar nada para que Deus o recompense. Em vez disso, é importante agir sem intenção, sem propósito, sem ter em mente o que eu "ganho" com isso. Se eu conseguir fazer isso, Deus me preencherá completamente com Ele mesmo, com sua presença, com seu amor.

Para Eckhart, o fundo da alma e o fundo de Deus são, muitas vezes, a mesma coisa. O prerrequisito para alcançar o fundo é esvaziar-se de tudo que é terreno, de todos os pensamentos e sentimentos, para que possamos experimentar o próprio Deus como nosso fundo nesse fundo sem fundo.

Eckhart compreende a identidade mística, a unidade mística com Deus sem qualquer dualidade. Entretanto, suas formulações são frequentemente tão paradoxais que, às vezes, ele pode dizer o contrário. A polaridade de seu discurso visa abrir seus ouvintes para o Deus incompreensível e inefável no fundo de nossa alma, no qual também nos sentimos irreconhecíveis.

Em seus sermões, Eckhart deixa claro que a linguagem alcança seus limites ao falar sobre Deus. Por isso, ele frequentemente defende o esquecimento de todo conhecimento e de todas as imagens de Deus para poder se aproximar dele. Mas então ele volta a usar imagens: se Deus gera a alma, então

> ele está deitado no leito de parto como uma mulher que deu à luz (McGinn, 2008, p. 233).

Em um sermão, ele fala

> da necessidade de imaginar Deus como mãe (McGinn, 2008, p. 233s.).

Ao mesmo tempo, porém, Eckhart deixa claro que essas são apenas palavras e que Deus deve ser encontrado para além de todas as imagens. Eckhart usa repetidamente termos como desapego, estar vazio, estar nu, ser livre, ser único, ser puro para deixar claro que só experimentamos Deus quando nos tornamos completamente vazios de todas as imagens e conceitos. No entanto, quando alcançamos esse estado e permitimos que Deus preencha o vazio, nós o experimentamos em todas as coisas. Quem quer que tenha experimentado Deus no fundo da alma,

> para este ele brilha em todas as coisas, pois todas as coisas têm o saber de Deus, e a imagem de Deus se revela a ele em todas as coisas (McGinn, 2008, p. 291).

Quando o ser humano se liberta de todas as imagens e de todo apego, acontece o que Meister Eckhart vê como o ápice de sua teologia mística: o nascimento de Deus na alma humana. Ele ocorre

> no mais puro que a alma tem a oferecer, no mais nobre, no fundo, na essência da alma, ou seja, na parte mais oculta da alma (McGinn, 2008, p. 304)

– no "centro silencioso". Nem imagens, nem qualquer forma de atividade podem invadir esse centro. Aqui, o homem está fora do alcance de todas as ideias e de todos os esforços. Aqui ele é completamente livre.

Eckhart expressa isso na imagem da virgem. Mas o ser humano deve ser ao mesmo tempo esposa e mãe. Portanto, devemos tornar-nos virgens e mães, para que Deus não seja apenas concebido em nós, mas também nasça em nós.

A teóloga e filósofa Katharina Ceming interpreta essa tensão entre virgem e mulher da seguinte forma:

> Para ele (Mestre Eckhart), a virgem é o símbolo do ser humano esvaziado, mas esse vazio e esse não apego conhecem um nível de perfeição ainda mais elevado: ser criativamente ativo. Somente quando tudo o que a alma absorveu, por não estar apegada a nada, volta a transbordar dela, ou seja, se torna criativa, é que o objetivo é alcançado (Ceming, 2018, p. 75).

Angelus Silesius, teólogo e místico do século XVII, expressou essa visão de Meister Eckhart em um verso:

> A virgindade tem valor,
> mas ela precisa tornar-se mãe.
> Caso contrário, é igual a
> Terras infertilizadas (Cherubinischer Wandersmann, III, 224).

Hoje em dia, o misticismo de Meister Eckhart pode parecer uma negação do mundo, porque sugere abandonar todas as ideias concretas e tudo o que é terreno. No entanto, o efeito desse abandono não é nenhuma alienação do mundo nem espiritualização. Pois essa liberdade interior também gera ação em todas as questões terrenas. Mestre Eckhart demonstra isso em sua interpretação da história bíblica de Marta e Maria (Lucas 10:38-42): A tradição cristã costuma ver Maria como imagem da vida contemplativa e Marta como imagem da vida ativa. Semelhante à história bíblica, a vida contemplativa era vista como melhor do que a vida ativa. Para Mestre Eckhart, o contrário é verdade.

Ele acredita que Marta é espiritualmente mais avançada do que Maria. Aos seus olhos, Maria corre o risco de afundar na contemplação. Isso certamente tem algo a ver com o público-alvo de seu sermão, que, nesse caso, eram freiras dominicanas. Ele reconheceu o perigo de que algumas delas pudessem se orgulhar de sua via contemplativa e desconsiderar suas atividades e seus trabalhos diários. É por isso que Mestre Eckhart elogia Marta como a mais sábia. Pois ela trabalha a partir do fundo interior. Aqueles que alcançaram o fundo conseguem trabalhar de uma maneira diferente. Eles não precisaram mais provar nada a si mesmos. Eles não trabalham para serem reconhecidos, mas porque desistiram de todo apego às coisas e aos padrões terrenos. Aqueles que vivem por esse motivo permitem que sejam envolvidos na vida.

Eckhart acredita que a ação costuma levar a uma realização maior do que a pura contemplação. A oração e o trabalho, portanto, devem andar juntos. O misticismo verdadeiro sempre resulta num novo tipo de atividade, numa atividade que não gira em torno do sucesso e do reconhecimento, mas que, em vez disso, se deixa levar pela ação. Esse também é o objetivo por trás do lema beneditino *ora et labora*: trata-se de uma atividade a partir do "vazio", a partir do fundo no qual nos tornamos livres de todas as imagens, pensamentos e ideias. Dessa forma, evitamos misturar nossas ações com nossos próprios pensamentos e ideias. A ação pura serve às coisas e às pessoas.

A noite escura da alma – São João da Cruz

Três séculos depois, foi principalmente o religioso carmelita e místico espanhol São João da Cruz que escreveu sobre o vazio interior. Ele usou a imagem da "noite escura". Isso se baseia em sua experiência: aqueles que se aproximam de Deus nem sempre experimentam somente luz, mas também escuridão.

João diferencia três áreas: o crepúsculo é uma imagem do lento "escurecimento" da experiência de Deus: você não consegue mais senti-lo.

A escuridão mais profunda é a meia-noite. É nessa hora que o buscador espiritual tem a dolorosa experiência de não conseguir perceber Deus, de não mais experimentar o amor de Deus. Alguns reagem a isso com desespero. Sentem-se abandonados.

O frei carmelita e diretor de exercícios Reinhart Körner acredita que, às vezes, essa experiência se parece com uma depressão clínica. Mas a grande diferença é que isso acontece com uma pessoa que iniciou o caminho para Deus, que já experimentou algo de Deus. Às vezes, o sentimento se expressa em palavras semelhantes, por exemplo:

> Tudo em mim está seco e vazio... Não tenho mais nada que me preenche (Körner, 1988, p. 245).

Mas a noite escura é o sofrimento de uma experiência espiritual e não uma expressão de depressão. Depois da meia-noite vem o amanhecer. Agora as ideias de Deus voltam a surgir. O coração se ampliou. E, de repente, você experimenta dentro de si um

> amor que lança uma nova luz sobre tudo (Körner, 1988, p. 247).

São João da Cruz recomenda transformar a experiência passiva da "noite escura" em uma experiência ativa, na qual o buscador espiritual se desprende de todas as coisas e renuncia a todas as suas imagens de Deus, buscando Deus fora de todas as imagens. Ele aconselha aceitar a "noite escura" e deixá-la acontecer. Ela não deve ser reprimida nem tratada (veja Körner, 1988, p. 69). Em vez disso, é preciso abandonar as imagens habituais de Deus e render-se ao Deus incompreensível que se encontra além de todas as imagens e de todas as projeções infantis.

A experiência da "noite escura" é uma experiência de vazio absoluto. Mas dentro dela brilha um raio de esperança de que Deus transformará esse vazio em uma nova plenitude, que transforma a "noite escura" na experiência de se tornar um com Deus, e conduz à experiência de uma luz interior que não pode mais ser obscurecida.

O vazio como um dos conceitos centrais do zen-budismo

O conceito do "vazio" exerce um papel central no zen-budismo. O termo tem três significados ou facetas diferentes. O primeiro diz que as coisas são vazias porque elas não têm existência própria, mas dependem de tudo. O segundo significado é: também aqui o vazio é entendido como um esvaziamento radical, como a libertação de todo apego, como o abandono de todos os desejos.

Isso corresponde à doutrina cristã do abandono do ego ou da "pobreza de espírito", conforme interpretado por Mestre Eckhart. O terceiro significado do termo é:

> O vazio significa a realidade mais elevada e não pode ser compreendido intelectualmente. Nenhum conceito ou ideia consegue alcançar essa realidade. Ela é, em última instância, desconhecida (Arokiasamy, 1991, p. 30s.),

como escreve Arul M. Arokiasamy em seu livro *Leere und Fülle. Zen aus Indien in christlicher Praxis* [Vazio e plenitude. O zen da Índia na prática cristã].

O budismo prefere usar o termo "vacuidade" (*shunyata*) nesse contexto. Isso significa que os fenômenos – animais, plantas, coisas – que percebemos no mundo não têm uma essência permanente. O ego humano também não tem um núcleo real. Ele é apenas uma aparência externa.

O filósofo Albert Kitzler define o conceito de vacuidade a partir de uma perspectiva budista como

> a independência interna de apegos mundanos e a abertura para o presente, no qual pode ocorrer algo em que nós encontramos a nós mesmos (Kitzler 2019, p. 26).

Portanto, no budismo, o vazio não tem conotações negativas, ele

> abre espaço para encontros, coisas novas e essenciais (Kitzler, 2019, p. 26).

Em última análise, o vazio significa abertura para o que não podemos determinar ou entender, para aquilo que Karl Rahner entende por mistério absoluto. Para ele e para toda a tradição cristã, Deus é o mistério absoluto. Mas esse mistério é sempre amor, um amor incompreensível. No zen, o vazio também não é concebido como um nada frio, mas é preenchido com o mistério do divino. O zen apenas nega todos os conceitos e imagens que fazemos de Deus. E aqui cabe ao ser humano esvaziar-se cada vez mais de todos os pensamentos e de todas as imagens para se abrir para Deus.

O jesuíta e mestre zen Hugo Makibi Enomiya-Lassalle descreve esse "caminho radical do desapego espiritual" da seguinte forma:

> Não devemos nos apegar a nada, não podemos parar em lugar algum, nem em pensamentos e sentimentos bons nem em ruins (Enomiya-Lasalle, 1975, p. 30).

A pessoa que descreveu melhor o segredo do zen para o Ocidente foi o autor japonês e monge budista Daisetz T. Suzuki. Como Mestre Eckhart, ele interpreta a "pobreza de espírito" da qual Jesus fala como o vazio de riqueza externa, bem como de conhecimento e erudição:

> Por isso, não possuir nada, nem mesmo sabedoria e virtude, se tornou o objetivo do budismo. Isso, porém, não significa desprezo por todas as coisas que podemos ter. O desprezo também representa uma impureza, um apego de tipo negativo. O verdadeiro bodhisattva está acima até de pureza e virtude – quanto mais acima de tais fraquezas humanas (Suzuki, 1999, p. 165s.).

Trata-se da purificação do ser humano de todas as posses – em termos materiais, mas também espirituais e com relação à aquisição de virtudes, conhecimento ou métodos teológicos ou espirituais.

Tanto o hinduísmo quanto o budismo reconhecem o conceito do nirvana. Ele se refere ao despertar, à iluminação que se almeja no caminho espiritual e, ao mesmo tempo, descreve um estado em que o ódio, o desejo e a ignorância são extintos. O desejo é a causa do sofrimento. Portanto, o nirvana, como o oposto do desejo, é um estado livre de sofrimento: no nirvana, o ego da pessoa também se dissolve, e ela experimenta a unidade com o fundamento de todo ser. Não existem mais diferenças nem dualidades. Tudo é uno. Às vezes, o nirvana já pode ser experimentado aqui durante nossa vida. Entretanto, ele se completa com a morte, quando todos os esforços egoístas são extintos e a pessoa se torna una com o fundamento de todo ser.

Os psicólogos modernos interpretam o conceito budista do vazio não apenas com relação a Deus e à experiência de Deus, mas também com relação ao autodesenvolvimento do ser humano. Isso significa que devemos nos esvaziar de todas as imagens que os outros nos impuseram ou que nós fixamos em nós mesmos. Todos nós carregamos imagens dentro de nós que obscurecem a imagem original, o verdadeiro eu, que, como Deus, não podemos mais descrever. Portanto, sob uma perspectiva psicológica, esse esvaziamento também é uma forma de autodesenvolvimento. Essa conexão entre os significados espiritual e psicológico do vazio já pode ser reconhecida em Evágrio Pôntico e, mais tarde, em Mestre Eckhart. Mas, muitas vezes, ela foi negligenciada. O budismo, entretanto, é ainda mais radical e vai além disso: você também deve superar a imagem de seu próprio eu e não se preocupar com ela, mas simplesmente ser, tornar-se vazio, translúcido para o ser, para o mistério.

Deus como espaço vazio ou como imagem?

A tradição cristã também conhece o vazio como ele é entendido na tradição zen. Evágrio Pôntico, por exemplo, pede a seus monges que eles abandonem todas as imagens e ideias de Deus, mas também de si mesmos, durante a oração. E Mestre Eckhart também fala do "fundo sem imagens" no qual a alma e Deus se tornam um só.

Ao mesmo tempo, porém, a tradição cristã também valoriza a representação de Deus em imagens. A arte cristã floresceu durante séculos. Na Igreja Oriental, porém, a chamada Controvérsia Iconoclástica Bizantina eclodiu no início do século VIII, disputa esta que se concentrou principalmente nos ícones: um lado, os chamados iconoclastas, insistia na proibição bíblica de produzir uma imagem de Deus (cf. Êxodo 20:4s.). Do outro lado estavam os iconódulos. Eles argumentavam que Cristo era tanto homem quanto Deus, e que Cristo, o homem, podia ser representado.

Em meados do século IX, os iconódulos prevaleceram nessa disputa por vezes acirrada, e é por isso que os ícones são altamente valorizados na Igreja Oriental. A ideia por trás deles é que neles se encontra o próprio Jesus Cristo. Os ícones são considerados imagens sagradas que são veneradas porque o próprio Cristo está representado neles. Não se trata da arte ou da qualidade das imagens, mas de permitir que elas conduzam o fiel a Jesus Cristo.

No Antigo Testamento, como já mencionei acima, a proibição de imagens pode ser encontrada logo no início dos Dez Mandamentos: não devemos fazer imagens de Deus. O pano de fundo para isso era a defesa contra a prática de outras religiões entre as tribos judaicas. As pessoas tentavam se apoderar da divindade por meio da imagem, tentavam dominá-la. Portanto, a adoração de imagens significava que as pessoas acreditavam que podiam influenciar os deuses dessa forma e torná-los favoráveis a elas.

Mas mesmo que produzir imagens de deuses seja proibida no Antigo Testamento, o texto conhece muitas imagens linguísticas de Deus. Ele é mencionado como "rei" e "senhor" ou como o "misericordioso" e "gracioso". Ele é a "torre" na qual podemos morar em segurança, a "rocha" em que nos apoiamos, uma "fortaleza forte" na qual podemos nos refugiar. Deus recebe muitos nomes diferentes. Entretanto, a intenção por trás disso não é dominá-lo, mas visualizá-lo como uma imagem vívida. Essas são imagens que descrevem Deus, mas não o definem. Acima de tudo, porém, as imagens nos ajudam a vivenciar concretamente o Deus indescritível como um espaço de abrigo e proteção cheio de amor e misericórdia.

O Novo Testamento segue o exemplo do Antigo Testamento.

A Epístola aos Colossenses chama Cristo de

> a imagem do Deus invisível (Colossenses 1,15).

Paulo promete na Segunda Epístola aos Coríntios:

> Todos nós [...] refletimos a glória do Senhor como um espelho (2Coríntios 3,18).

E na Epístola aos Efésios, ele adverte:

> Revesti-vos da nova natureza, criada segundo Deus em justiça e verdadeira santidade (Efésios 4,24).

O próprio Jesus fala de Deus por meio de imagens e parábolas. As imagens conseguem descrever melhor o mistério de Deus e nossa redenção e torná-lo mais vívido do que conceitos abstratos.

A partir do século II, a Igreja primitiva começou a produzir imagens bíblicas de Deus, por exemplo, Jesus como o Bom Pastor. Cenas do Antigo e do Novo Testamento passaram a adornar as paredes das igrejas. As imagens tinham a intenção de se inscrever no coração das pessoas, para que elas pudessem não apenas captar intelectualmente a mensagem da salvação, mas também percebê-la e senti-la em seu coração. Além disso, muitos fiéis não sabiam ler e, portanto, as imagens nas igrejas eram ao mesmo tempo usadas como "leitura da Bíblia" e catequese, pois o que era retratado era fácil de entender.

Entretanto, a arte cristã primitiva nunca retratava o próprio Deus. Nesse aspecto, ela aderiu à proibição de imagens do Antigo Testamento. Mas as cenas que são contadas de maneira tão vívida em ambas as partes da Bíblia eram frequentemente retratadas. Reza a lenda que o evangelista Lucas era pintor. Ele tinha a habilidade de escrever de tal forma que uma imagem surgia na mente do leitor. Suas histórias são retratos da obra de Deus. O teólogo protestante Klaas Huizing escreveu um livro sobre isso: *Lukas malt Christus* [Lucas pinta Cristo]. Ele supõe que o evangelista usou suas histórias para pintar um quadro de Jesus, que tentamos imaginar cada vez mais à medida que lemos, para que possamos entender e sentir o verdadeiro significado de Jesus.

Todos os Padres da Igreja da tradição oriental desenvolveram uma teologia figurativa. Isso é mais filantrópico do que uma teologia filosófica e conceitual, que restringe muito o círculo daqueles que entendem, pois exige um alto nível de instrução. As imagens são um convite para sentir Deus, para se aproximar de Jesus e para perceber o mistério da redenção. Mas elas não definem, não descrevem Deus. Elas são como uma janela pela qual olhamos. No entanto, devemos perceber e entender que Deus não é a janela. Em vez disso, a imagem é a janela pela qual vemos um amplo horizonte no qual podemos vislumbrar Deus. Deus está para além de todas as imagens. Mas precisamos delas, caso contrário não poderíamos falar de Deus. No entanto, devemos dar ouvidos à advertência de Mestre Eckhart e da tradição zen segundo a qual não devemos confinar o próprio Deus em uma imagem. Podemos olhar através dela para Deus, que está para além de todas as imagens, e, assim, vislumbrá-lo em nosso coração.

O filósofo grego Platão desenvolveu sua própria doutrina de imagens. Para ele, educação não significa saber muito, mas produzir boas imagens. A instrução é uma forma de nos colocar em contato com a imagem arquetípica na qual as ideias de Deus brilham em cada um de nós.

Portanto, as imagens não são importantes apenas para nosso relacionamento com Deus, mas também para o caminho do autodesenvolvimento. A imagem – de acordo com o pintor russo Wassily Kandinsky – "deve servir ao desenvolvimento e ao refinamento dos seres humanos". Dessa forma, elas têm um efeito curativo sobre nós. Ou, como C. G. Jung diz sobre as imagens arquetípicas, elas nos centram, nos conduzem ao nosso próprio centro, ao nosso eu original. Há muitas imagens de cura na Bíblia, cujo efeito de cura precisa ser redescoberto e desenvolvido para nós hoje. Então perceberemos que a mensagem da Bíblia é realmente terapêutica. Ela quer nos libertar de imagens internas patogênicas e nos oferece imagens de cura que nos colocam em contato com a imagem única, original, ilesa e límpida que Deus fez de cada um de nós.

Sempre vivemos na tensão entre imagem e ausência de imagem, entre plenitude e vazio, entre largar e receber. Não devemos transformar o "vazio de Deus" em algo absoluto nem proclamar imagens como a única verdade sobre Deus. Como seres humanos, precisamos de imagens, mas Deus sempre nos leva além de todas elas para o fundamento, que é vazio de formas e imagens, que é desprovido de todas as ideias, puro e livre, como Mestre Eckhart não se cansa de ressaltar.

Tornar-se um no vazio

No fundo de nossa alma, sabemos que os tempos vazios nos fazem bem, que precisamos de uma pausa de vez em quando para sair da roda da rotina de nossa vida cotidiana, para interromper a correria, para nos interiorizarmos e encontrar estabilidade na turbulência de nossa vida. Precisamos de pausas para deixarmos de correr e para percebermos quem realmente somos e o que queremos de nossa vida.

Se não nos permitirmos fazer pausas em nosso dia a dia, mas continuarmos trabalhando, nosso corpo e nossa alma nos forçarão a fazer uma pausa mais longa porque simplesmente não teremos mais forças. Muitas pessoas só percebem que não reservaram o tempo necessário em seu dia a dia para si mesmas quando sofrem um *burnout*.

Muitas vezes, o motivo pelo qual não nos permitimos nenhum tempo de inatividade é o medo de sermos confrontados com nossa própria verdade. E parte dessa verdade é o sentimento do vazio interior.

Não queremos admitir diante de nós mesmos que nos sentimos vazios. Isso contradiz nossa imagem de que nossa vida está sob nosso controle e que fazemos muitas coisas boas. Em nosso vazio interior, encontramos um abismo para o qual preferimos não olhar. É por isso que muitas pessoas fogem dos tempos vazios, porque elas têm medo dos momentos em que nada acontece, dos momentos de silêncio. Elas não querem admitir seu vazio.

Mas um princípio da vida espiritual é: somente aquilo para o qual olhamos pode ser transformado. Somente se tivermos a coragem de reconhecer nosso vazio interior, de olhar para ele e de entrar em diálogo com ele, ele poderá ser transformado. É preciso uma atitude de humildade para descer para o nosso vazio interior. Somente quando descemos até o fundo de nossa alma podemos subir novamente. Esse é o paradoxo cristão que encontramos repetidamente na Bíblia. As palavras que Jesus diz sobre si mesmo também se aplicam ao caminho de nosso devir como seres humanos:

> Ninguém subiu ao céu senão quem desceu do céu: o Filho do homem (João 3,13).

Como Jesus, precisamos abandonar o céu das nossas lindas ideias sobre nós mesmos e sobre a vida e descer para as terras baixas da terra para podermos subir para o céu, para Deus, com tudo o que faz de nós o que somos.

Portanto, não devemos ter medo do vazio interior, mas reconhecê-lo, não importa qual seja a razão de sua existência. Pois a tradição mística, como a praticada e vivida por Mestre Eckhart, Johannes Tauler ou João da Cruz, nos mostra uma maneira por meio da qual o vazio paralisante pode ser transformado em um vazio espiritual no qual nos libertamos de todas as tentativas egoístas de nos apropriarmos de Deus e nos abrimos para o Deus que se encontra por trás de todas as ideias e desejos. A tradição espiritual do misticismo também entende o vazio depressivo ou o vazio que surge da pressão de ter que ser você mesmo a todo custo como uma forma de nos libertarmos de nossas próprias ideias sobre nós mesmos e nossa vida. A abordagem espiritual do vazio psicológico torna-se, então, um caminho para a autorrealização bem-sucedida, um caminho para o nosso eu verdadeiro e não adulterado, que não pode ser descrito porque se encontra além de todas as imagens.

O vazio quer se tornar um impulso para mergulharmos nas profundezas de nossa alma. Lá, o vazio que é percebido como desagradável pode ser transformado em um vazio que nos abre para Deus, o vazio de que falam o misticismo cristão e a tradição do zen-budismo. Se nos reconciliarmos com nosso vazio interior em vez de nos julgarmos e condenarmos, ele pode se tornar uma oportunidade de nos abrirmos para Deus, que – como Karl Rahner diz repetidamente – é o mistério incompreensível e inexprimível.

Somente quando enfrentamos nosso vazio, Deus pode preenchê-lo completamente com seu espírito, com seu amor.

O vazio faz parte do nosso relacionamento com Deus. Ele nos mostra que não podemos dominar Deus, que não podemos obrigar Deus a voltar sua atenção para nós por meio de um desempenho ascético ou comportamento prescrito. O objetivo da vida espiritual não é receber a atenção de Deus, mas – como dizem os místicos de todas as religiões – tornar-se um com Deus. Entretanto, isso só é possível se primeiro tivermos esvaziado o fundo de nossa alma de tudo a que nos apegamos: nosso papel, nossas posses, nossa luta por reconhecimento e, por fim, nosso ego. Somente quando estivermos completamente vazios é que poderemos nos entregar a Deus. Então, Deus poderá preencher o vaso vazio de nossa alma com Ele mesmo.

Entretanto, tornar-se um com Deus não significa fundir-se com Deus. Assim como C. G. Jung, Peter Schellenbaum também adverte contra esse conceito tão popular no esoterismo:

> Fusão é regressão – regressão ao paraíso original. Mas não se trata de voltar para o paraíso original, mas crescer em direção a um paraíso futuro, e nesse futuro haverá conexão sem fusão simbiótica (Schellenbaum, 2004, p. 67).

Quando Deus preenche nosso vazio consigo mesmo, nós nos tornamos um com Ele. Mas sempre permanecerá a diferença entre o vaso e aquilo que o preenche. O vazio nos mostra justamente que não podemos dispor de Deus nem possuí-lo.

O objetivo da vida espiritual é permitir que Deus preencha o vazio. Isso sempre é graça. O vazio nos dá uma noção de que o mistério de nossa vida é graça ou, como confessa o protagonista no romance *Tagebuch eines Landpfarrers* [Diário de um pastor rural], de Georg Bernanos, no fim de sua vida: "Tudo é graça".

Referências

Arokiasamy, A. M. (1991). *Leere und Fülle* – Zen aus Indien in christlicher Praxis. Munique.

Beyer, D. (1992). Sinn und Genese des Begriffs "Décréation" bei Simone Weil. In: *Münsteraner theologische Abhandlungen*, vol. 16. Altenberg.

Breznik, M. (2023) em: *Psychologie heute* 10.

Bruckner, P. (1996). *Ich leide, also bin ich* – Die Krankheit der Moderne – Eine Streitschrift. Berlim.

Bunge, G. (2009). *Akedia* – Die geistliche Lehre des Evagrios Pontikos vom Überdruss, Würzburg.

Ceming, K. (2018). *Lass mal!* Mit Meister Eckhart ins Hier und Jetzt. Münsterschwarzach.

Cipriano de Cartago (1918). Über das Gebet des Herrn (De dominica oratione). *Des heiligen Kirchenvaters Caecilius Cyprianus sämtliche Schriften*. Munique.

Ehrenberg, A. (2006). *Das erschöpfte Selbst* – Depression und Gesellschaft in der Gegenwart. Frankfurt am Main.

Enomiya-Lassalle, H. M. (1975). *Erfahrungen eines Christen mit der Zen-Meditation*, Bergen-Engkheim.

Jung, C. G. (1978). *Gesammelte Werke*, vol. 8. Zurique [OC 8].

Kitzler, A. (2019). *Vom Glück des Wanderns* – Eine philosophische Wegbegleitung. Munique.

Körner, R. (1988). Dunkle Nacht. In: Schütz, C. (org.). *Praktisches Lexikon der Spiritualität*. Freiburg im Breisgau, p. 245-248.

Körner, R. (2015). *Dunkle Nacht* – Mystische Glaubenserfahrung nach Johannes vom Kreuz. Münsterschwarzach.

Kratzer, A. (2023). Demut – Ein vergessener Weg zum Glück. *Psychologie heute* 10, p. 32-37.

McGinn, B. (2008). *Die Mystik im Abendland*. Vol. 4: Fülle. Freiburg im Breisgau.

Mercier, P. (1997). *Perlmanns Schweigen*. Munique.

Evagrius Ponticus (1986). *Praktikos – Über das Gebet*, trad. John Eudes Bamberger, trad. do inglês de Guido Joos com uma introdução de Anselm Grün, Münsterschwarzach. Desde então, a obra *Praktikos* foi publicada novamente Evagrios Pontikos (2008). *Der Praktikos – Hundert Kapitel über das geistliche Leben*, com introdução e comentários de Gabriel Bunge, Beuron. A obra Über *das Gebet* [Sobre a oração] também foi reeditada em 2011: Über *das Gebet – Tractatus de oratione*. Münsterschwarzach.

Pieper, J. (2010). *Musse und Kult, mit einer Einführung von Kardinal Karl Lehmann.* Munique.

Priess, M. (2023). Wer sich erschöpft, gibt sich in seinen Beziehungen auf, em: *Psychologie heute* 10, p. 18–19.

Proust, M. (1964). *Auf der Suche nach der verlorenen Zeit.* Frankfurt am Main.

Quint, J. (org.). (1977). *Meister Eckhart – Deutsche Werke,* vol. 3: *Predigten.* Stuttgart.

Schellenbaum, P. (2004). *Hingabe, die Grenzen sprengt – Já aus Liebe – Im Gespräch mit Ingeborg Szöllösi.* Munique.

Schlapbach, K. (2013). Musse. In: Schöllgen, G. (org.). *Reallexikon für Antike und Christentum.* Stuttgart, vol. 25, p. 357-369.

Schmeisser, M. (1988). Kunst, religiöse. In: Schütz, C. (org.). *Praktisches Lexikon der Spiritualität.* Freiburg im Breisgau, p. 746-750.

Stachel, G. (org.). (1992). *Meister Eckhart: Alles lassen.* Munique.

Suzuki, D. T.(1999). *Zazen – Die Übung des Zen.* Munique.

von Balthasar, H. U. (1970). Mysterium Paschale. In: Feiner, J.; Löhrer, M. (org.). *Mysterium Salutis.* Vol. 3. Einsiedeln, p. 133-326.

Weil, S. (1987). *Aufmerksamkeit für das Alltägliche – Ausgewählte Texte zu Fragen der Zeit.* Munique.

Weil, S. (1993 e 1996). *Cahiers – Aufzeichnungen*. Vol. 2 e 3. Munique.

Weil, S. (2009). *Schönheit spricht zu allen Herzen – Das Simone-Weil-Lesebuch*. Munique.

Tauler, J. (1961). *Johannes Taulers Bekehrungsweg – Die Erfahrungsgrundlagen seiner Mystik*. Regensburg.

Wunderli, J. (1989). *Und innen die grosse Leere – Die narzisstische Depression und ihre Therapie*. Zurique.

Conecte-se conosco:

f facebook.com/editoravozes

⌾ @editoravozes

𝕏 @editora_vozes

▶ youtube.com/editoravozes

☏ +55 24 2233-9033

www.vozes.com.br

Conheça nossas lojas:

www.livrariavozes.com.br

Belo Horizonte – Brasília – Campinas – Cuiabá – Curitiba
Fortaleza – Juiz de Fora – Petrópolis – Recife – São Paulo

Vozes de Bolso

EDITORA VOZES LTDA.
Rua Frei Luís, 100 – Centro – Cep 25689-900 – Petrópolis, RJ
Tel.: (24) 2233-9000 – E-mail: vendas@vozes.com.br